日本人と英語

もうひとつの
英語百年史

斎藤兆史

研究社

まえがき

本書の主旨は、日本人と英語との関わりを、過去百年にかぎって概観しようというものである。百年の時を遡ると、我々は明治四〇（一九〇七）年に辿り着く。近代国家として急成長した日本が、日清・日露戦争勝利の余勢を駆り、ナショナリズムの風に乗って大陸に進出しはじめた時代だ。その当時の日本人は、英語をどのようなものとして捉えていたのだろうか。そこから日本人は、英語とどのような付き合いをしてきたのだろうか。そして、それは現代の我々にどのような示唆を与えてくれるのだろうか。これが本書の根底にある問いである。

百年とは、人間にとってどのような時間の長さなのだろうか。百年前、欧米に留学しようとすれば、何週間も船旅をしなければならなかった。いまや飛行機に乗りさえすれば、十数時間で目的地に着いてしまう。留学先の大学とのやり取りは、ほんの二十年前でも郵便であった。それがいまや電子メールで一瞬にして連絡が取れる。交通や情報伝達の進歩を見るかぎり、百年はとてつもなく長い時間であるように感じられる。一方、老舗鰻屋のタレの味は、百年前とさほど変わってはいまい。

偉大なる漢学者・諸橋轍次が産声を上げ、度重なる艱難辛苦の末に『大漢和辞典』を完成させて大往生するまでにちょうど百年が経過した。だが、ほとんどの人間にとって、百年とはあと少しのところで最後まで見届けることができない時間の広がりである。『五十年史』と呼ばれる書物には生き証人がいるが、『百年史』にはいない。百年前に生きていた我々の祖父母、あるいは曾祖父母は、ご先祖様として一括りにできないほど鮮やかに彩られた一族の物語の登場人物たちだ。そう考えると、百年とは、我々にとって長いようでもあり、短いようでもある。

百年という、この捕らえ所のない単位で区切られた明治末から現代に至る時空間のなかで、日本人は英語を相手にさまざまな愛憎劇を演じてきた。これからそれを見ていくことにする。日本人は、なぜこれほどまでに英語を愛し、そして憎んできたのか。その理由の一端でも明らかになれば、これからの英語との付き合い方が見えてくるかもしれない。

目　次

日本人と英語

凡例

引用に際しては、以下の原則に従った。

・漢字の字体は常用漢字表に拠った。

・引用文中の［　］は引用者注である。

第一章

明治後期の英語

「百年史」前史─江戸編

日本にはじめてやってきた英語の母語話者は、少なくとも史料によれば、オランダ商船リーフデ号に乗って日本に漂着したウィリアム・アダムズ（William Adams 一五六四〜一六二〇）だとされている。かの文豪ウィリアム・シェイクスピア（William Shakespeare）と同い年の男が、慶長五（一六〇〇）年、天下分け目の関ヶ原の合戦直前に日本にやって来たのである。この史実には、日本の英語受容史との絡みで何か象徴的な意味合いを付与したくなるほどの切りのよさがある。

アダムズは、その後、三浦按針《あんじん》の名で徳川家康の外交顧問として活躍し、平戸にはイギリス商館も開設された。だが、当時はまだイギリスよりもオランダの方が日本にとってはるかに重要な通商相手と考えられていたこともあって、彼の死後三年にして商館は閉鎖され、日英関係は断絶する。そして、寛永一二（一六三九）年のポルトガル船来航禁止令をもって、日本は完全な鎖国状態に突入する。日本人がはじめて英語学習に目覚めるのは、その一七〇年後である。

文化五（一八〇八）年八月一五日の早朝、一隻の異国船がオランダ国旗を掲げて長崎港に入港した。長崎奉行の検使、通詞、およびオランダ商館員二人が入港手続きのため小船で出向いたところ、この異国船はオランダ人二名を人質に取って薪水と食料の供給を要求してきた。さらには、通訳によれば、「夕刻までに食糧を運んでもどらなければ……港内にある日本及び中国の船舶を焼き払う」との脅しをかけてきた。オランダ船を装っていたのは、じつはイギリスの軍艦フェートン号であった。

時の長崎奉行は逆にフェートン号に焼き打ちをかけようとしたが、警護が手薄でそれもかなわず、結局、要求どおり薪水と食糧を与えた。それを受け取ったフェートン号は、人質を解放して悠然と立ち去り、一方、長崎奉行松平図書頭、および当時警護に当たっていた鍋島藩の重臣は責任を取って切腹した。世にいう「フェートン号事件」である。この事件に衝撃を受けた幕府は、翌年、長崎の通詞たちにロシア語と英語の修学を命じた。これが日本における英語学習のはじまりである。

とはいえ、通詞たちの英語学習は困難を極めた。ようやく教師を務め得たのは、アイルランドで軍務に服した経験を持つオランダ人ブロムホフ（Jan Cock Blomhoff）くらいのものであった。もちろん、辞書もなければ教材もない。仕方なく、大通詞の本木庄左衛門（正栄）（一七六七～一八二二）は、代々家に伝わる英蘭対訳の学術書などを参考にしながら手引書の編纂に着手し、文化八（一八一一）年、『諳厄利亜興学小筌《あんげりあこうがくしょうせん》』を、さらにその三年後、他の通詞たちと英和辞書『諳厄利亜語林大成』を完成させた。

日本に最初にやって来た英語話者が先述のウィリアム・アダムズだとすれば、日本ではじめて本格的に英語を教えた母語話者は、ラナルド・マクドナルド（Ranald MacDonald 一八二四～九四）という混血のアメリカ人であった。彼は、ネイティブ・アメリカンの母親の祖先が日本人であると固く信じ、「故郷」日本を訪れるためにアメリカの捕鯨船に乗り込んだ。嘉永元（一八四八）年七月一日、利尻島に上陸した彼は、しばらくそこに滞在して「タンガロー」なる人物に英語を教えているが、同年のうちに捕えられて長崎送りとなった。ただし、捕われの身とはいえ、一方で貴重な英語話者である。なんと彼は、座敷牢に軟禁されたまま、格子越しに通詞たちに英語を教えた。

マクドナルドがとりわけ見込んだ教え子が、森山栄之助（多吉郎）（一八二〇～七一）という通詞であった。彼は、マクドナルドの来日時にすでに片言の英語で意思疎通を図る能力を有していたが、半年ほどその指導を受けているうちにめざましく英語力を向上させたらしい。ペリー（Matthew Calbraith Perry）の『日本遠征記』によれば、最初の黒船来航の際、森山は「ほかの通詞がお役御免になるほど立派な英語を話し」（'He speaks English well enough to render any other interpreter unnecessary'）ていたという。

このころ、漂流民としてアメリカ船に救助される日本人も出てきた。その中で、そのまま救助船に乗って渡米し、アメリカで長年教育を受けたのが中浜（ジョン）万次郎（一八二七〜九八）とジョセフ彦（一八三七〜九七）である。帰国後、前者は教師として、後者は英文ジャーナリストとして活躍した。

日本の歴史を大きく変えた黒船来航、安政元（一八五四）年の日米和親条約締結、そしてそれに基づく開国は、日本の洋学事情をも大きく変えることになった。それまでの蘭学は急速に衰退し、それに変わって英学が興った。蕃書調所でも、安政五（一八五八）年に英語の研究が始められ、二年後には英学科が分科独立した。安政六年、開港したばかりの横浜を訪れ、周りに氾濫する英語を解せぬことに衝撃を受けた福沢諭吉（一八三四〜一九〇一）は、それまで修めた蘭学を捨てて英学に転向した。これからは英学の時代であることを予見した薩長は、渡航解禁を待たずに留学生を英米に送り出した。

このようにして、日本の英学の基礎が固められていった。そして、実学としての英学は、明治維新という春を待って一気に開花するのである。

「百年史」前史―明治編

鎖国時代の日本の蒙を啓いた（と一般的に考えられている）光の元は、西から昇った太陽である。日本の近代化とは、見方を変えれば日本の西洋化にほかならない。明治新政府は、新しい国の規範を西洋に求めた。その中でも、とくに当時帝国の最盛期を迎えていたイギリス、および日本を開国に導いたアメリカを師と仰いだ。

当然のごとく、高等教育の主たる担い手も、英米人を中心とするお雇い外国人教師であった。その外国人たちの授業を受けるには、まず何よりも外国語、そのなかでもとくに英語を学ぶ必要がある。開成所の後身たる開成学校は、明治六（一八七三）年、文部省の通達により「英学本位制」を採用することになった。また同年、官立の外国語学校が創設され、それが同じ年のうちに東京外国語学校となった。翌年には、さらに愛知、大阪、広島、長崎、新潟、宮城に外国語学校が創立され、同年末、七つの官立外国語学校は、すべて英語学校と改称した。内村鑑三（一八六一～一九三〇）、新渡戸稲造《にとべいなぞう》（一八六二～一九三三）、宮部金吾（一八六〇～一九五一）、岡倉天心（一八六二～一九一三）らは東京英語学校で、斎藤秀三郎（一八六六～一九二九）は宮城英語学校で英語を学んでいる。

明治八（一八七五）年の末、東京英語学校に札幌農学校の生徒募集の広告が張り出された。札幌農学校は北海道開拓を指揮する優秀な人材の育成を目的として設立された学校である。同校は翌九年の八月に開校し、一期生として二十四名が、翌年には東京英語学校在学中に応募に応じた新渡戸、宮部をはじめ十八名が入学した。当時、開拓使には五十人のお雇い外国人がいたが、そのうち六人が農学校教師としてほとんどの科目を担当し、当然のごとく英語で講義を行なったから、札幌農学校はアメリカの農科大学の日本分校であったと言っても過言ではない。

明治初期には、また多くの英学私塾が生まれた。もっとも有名なのは、ヘボン式ローマ字の創始者であるアメリカ人宣教師、ジェイムズ・C・ヘボン（James C. Hepburn 一八一五～一九一一）の開いたヘボン塾であろう。ヘボンはすでに幕末から横浜で英語を教えていたが、七六年に山手に塾を移し、彼とその夫人の下で英語を教えていたS・R・ブラウン（Samuel Robbins Brown）、メリー・キダー（Mary Eddy Kidder）、ジョン・バラ（John Ballagh）らも前後して独立、それぞれ独自の英学塾を開いた。

明治四（一八七一）年に開校した熊本洋学校では、L・L・ジェーンズ（Leroy Lansing Janes 一八三八～一九〇九）が、自ら「人の話すなかでもっとも高貴な言語」（太田、一九九五年、一二三頁参照）と信じる英語を用い、百人以上の生徒に対してキリスト教精神に基づく教育を行なった。明治初期にキリスト教に入信した一団を「バンド」と称したが、内村鑑三、新渡戸稲造、宮部金吾ら、札幌農学校で入信した学生から成る札幌バンド、ヘボン塾の流れを汲む横浜バンドに対し、ジェーンズの薫陶を受けた一団は熊本バンドと呼ばれている。この一団は、のちに新島襄（一八四三～一八九〇）が明治八年に創立した同志社英学校に入学した。イギリスが世界各地に築いた植民地でもそうであったように、日本の初期の英語教育がキリスト教の布教と切っても切り離せない関係にあったことは、あらためて確認しておく必要がある。

文明開化の時代、エリートばかりでなく、一般庶民もまたきそって「文明語」たる英語に飛びついた。芸者が発奮して英語を学びはじめたなどという記事が新聞紙面に載り（川澄編、一九八八年、一一四二頁）、英語を織り交ぜた都々逸《どどいつ》が作られるほどの英語狂乱が巻き起こった。同時に、英語学習書の氾濫と質的低下が起こった。とくに明治四年から六年にかけては、一般大衆向けの入門書が大量生産された時期である（『大阪女子大学蔵日本英学資料解題』、一九六二年参照。また斎藤、二〇〇一年、一〇八～一一〇頁も参照のこと）。

明治初期の極端な欧化政策を原動力とした英語万能の教育制度は、十年ほどで早くも大きな見直しを迫られることになった。明治五（一八七二）年に施行された学制が、ようやく数年経って軌道に乗り出したこともその一因と考えられる。教育制度が整備されていくにつれ、教育の担い手はお雇い外国人から日本人教師へと変わりつつあった。そうなると、官立の英語学校の存在意義も希薄となり、明治一〇年、東京と大阪の英語学校を除き、地方の五つの官立英語学校は廃止された。

さらに、それまでの欧化主義に対する反動から、国粋主義的な風潮が高まってきた。これと呼応するかのように、明治一〇年の西南戦争による財政逼迫のため、政府は給与の高いお雇い外国人教師の数を大幅に減らした。明治一八（一八八五）年、伊藤内閣はついに「教育の国語主義化」を打ち出した。以後、明治三〇年代に至るまで、日本の英語は発音無視・訳読中心の「変則英語」が主流をなすことになり、学生の英語力も低下の一途を辿った。

この変則英語全盛期に英語を学んだのが夏目漱石（一八六七〜一九一六）である。漱石は、明治一六（一八八三）年、十六歳で大学予備門受験のための予備校たる成立学舎に入学したときにはじめて本格的に英語を学びはじめた。ここが、内村、宮部、新渡戸、天心らの世代と大いに異なる点だ。漱石は、その後夢中になって英語を勉強し、手当たり次第に英書を読みあさったというが、大学予備門時代にもさして英語の成績はふるわなかった。

明治一八年、大学予備門は第一高等学校となり、翌年、漱石はその本科一年の第一部に進学して英文学を専攻、さらに明治二三年、東京帝国大学文科大学英文学科に入学して本格的に英文学を学んだ。在学中にすでに東京専門学校（早稲田大学の前身）で英語教師としての経験を積んだ彼は、さらに高等師範学校、東京専門学校、愛媛尋常中学校、第五高等学校の英語教師を歴任、さらに二年間のイギリス留学ののち、明治三六年、東京帝国大学文科大学講師となり、以後、明治四〇年にその職を辞して作家活動に入るまで、東京帝大英文科で英文学を講じた。

漱石が英語と深く関わった四半世紀ほどの間、英語は実学の媒体としての機能を失い、課目や学問の枠のなかで学習・研究される対象となった。最近の英語教育で用いられる二項対立の用語を用いて言えば、「英語で学ぶ」ことと「英語を学ぶ」ことが渾然一体であった時代から「英語を学ぶ時代」になったと言ってもいいであろう。英語教育・学習の仕方も様変わりし、新しい時代の必要に応じた民間の英語学校が作られた。エリートの英語力低下に伴う中等教育と高等教育との間の英語力格差を埋めるため、明治二一年、磯辺弥一郎（一八六〇〜一九三一）はアメリカ人イーストレーキ（F.W. Eastlake 一八五八〜一九〇五）の協力を得て、東京の神田に国民英学会を創立した。一時、その国民英学会でも教鞭を執った斎藤秀三郎は、明治二九年、それに対抗する形で同じ神田に正則英語学校を創立した。この学校は、日英同盟締結（明治三五年）が巻き起こした英学ブームも手伝って大繁盛し、最盛期には生徒数が五千人を超えた。

さらに明治三八（一九〇五）年、日本が日露戦争に勝利すると、国力の充実を意識した国民の間に国際社会に対する関心が高まり、外国語、その中でも同盟国イギリスの国語たる英語を学ぶことの重要性が認識されるようになった。「英語を学ぶ」と「英語で学ぶ」の区別すらなく、一握りのエリートが英語漬けになって高等教育を受けた明治初期と違い、この頃になると、英語は学習・研究の対象として完全に客体化されたと言えるだろう。そしてかつての英学は、中等教育レベルでは教科としての英語教育となり、高等教育レベルでは英語・英文学研究へと専門分化した。いまから百年前の明治四〇（一九〇七）年という年は、そのような変化の中で幕を開けたのである。

百年史の幕開け

明治四〇年前後の英語をめぐる動きのなかでひときわ目を引くのが、英語雑誌の相次ぐ創刊である。すでに明治一〇年代から *Chrysanthemum*（明治一四年一月創刊、六号で廃刊）、*The Tokyo Independent*（明治一九年創刊）、『国民英学新誌』（明治二一年一一月創刊）、*Kobe Herald*（明治二二年四月創刊）、*The Tokyo Spectator*（明治二四年一一月創刊、翌年廃刊）、『日本英学新誌』（明治二五年三月創刊、明治三四年廃刊）、『中外英字新聞研究録』（明治二五年一一月創刊、大正一二年の大震災で廃刊）、『英学』（明治二七年五月）、*The Far East*（『国民之友』の英文の部、明治二九年二月創刊、明治三一年廃刊）、*Japan Times*（明治三〇年三月創刊）、『外国語学雑誌』（明治三〇年七月創刊）、『英語世界』（*The English World* 明治三〇年八月創刊、明治三八年頃廃刊）、『青年』（*The Rising Generation* 後の『英語青年』、明治三一年四月創刊、現在に至る）、『英学新報』（*The English Student* 明治三四年創刊、明治三六年五月廃刊）などの英字新聞や英語雑誌が創刊されていたが、日英同盟締結、日露戦争後の英学ブームの中で英語関連雑誌の創刊ラッシュが一気に加速する。

明治三六年から明治末までの七年だけを見ても、『英文新誌』（*The Student* 明治三六年六月創刊、明治四一年三月で廃刊）、『英文少年世界』（明治三七年一月創刊、第二巻六号で終わり、『英学界』と改題）、*The East And West*（明治三八年九月創刊、明治四二年廃刊）、『語学』（*English Deutsch Français* 明治三九年一一月創刊、約三年にして廃刊）、『英語世界』（*The English World* 明治四〇年四月創刊、大正八年廃刊。先述の『英語世界』とは別物）、『英語教授』（*The English Teacher's Magazine* 明治四〇年創刊）、『英語之日本』（正則英語学校準機関誌、明治四一年一月創刊、大正六年一〇月廃刊）、『初等英語研究』（明治四一年創刊、英語研究社）、『英語の友』（明治四二年三月創刊、大正五年『英語の日本』と合併）、『初歩英語』（明治四二年四月創刊、大正元年廃刊）、

左上
『青年』（後の『英語青年』）創刊号

右上
『英語世界』創刊号

左下
『英語之日本』創刊号

『英学生』（大正二年創刊）など多数の雑誌が創刊されている（『日本の英学一〇〇年』別巻の年表および大村他編、一九八〇年、第四巻参照）。

西洋の文物を学ぶことを目的とした明治初期の実学としての英学とは違う、新しい国際意識とナショナリズムに彩られた明治後期の英語学習・研究熱を物語るものとして、先述の『英語之日本』創刊号の冒頭を飾る英文随筆家・秋元俊吉（一八八四〜？）の英文巻頭言がある。その一部を見てみよう（次々頁参照）。英語雑誌の創刊が相次ぐ中で、さらに新誌を創刊することについての言い訳がなされているところが面白い。

英語雑誌が次々と創刊されているさなかの明治四〇年一一月、のちの日本人の英語研究に多大な貢献をする出版社が産声を上げる。その名もまさに「英語研究社」（のちの研究社）。この社名と創業の理念もまた当時の英学ブームと無縁ではない。研究社の社史（『研究社八十五年の歩み』、一九九二年）によれば、創業者・小酒井五一郎は、「日露戦争後の隆隆たる国運の伸展に伴い、外国語、特に英語の重要性はますます増大するという認識」に基づき、「英語出版をもって社業の中心とする決意を、この『英語研究社』という社名に託した」という（「研究社八十五年の歩み―もう一つの英学史として」）。

このような英学ブームのなかで、さぞかし文部省も英語教育強化に乗り出すかと思いきや、むしろそれに逆行するかのような動きを見せた。研究社の創業に先立つこと七カ月、文部省は各府県に師範学校生の英語履修を抑制する訓令を発している（江利川、二〇〇六年、一一八頁参照）。「英語は元来学習に困難なる学科目を以て学力に余裕ある者又は語学の才幹ある者の之を修むるは固より妨なしといえども、世の流行に倣ひて之を学習するが如きは深く戒むべき」だというのである。

『初等英語研究』は明治 45 年に『英語研究』と改題された

『英語之日本』創刊号　巻頭言より

"Another English magazine!" will be the ejaculation that rises to the lips of every Japanese student, who happens to look at us, newly-born. Such a large number of magazines of a similar type are already placed on the market that many students seem quite bewildered as to which to choose. We have no right to condemn those already existing as "not good," neither have we vanity enough to boast that ours is destined to be the best. Why then does it appear at all, or what justification and what object can it possibly have for its appearance? These questions, we presume, can best be answered if we recount here some of the reflections which finally gave birth to the "Nippon."

All the world now regard us—Japan—as the prodigal son of the Orient. So we are—can we not say this without vanity? For less than fifty years ago Japan was a mere nothing in the eyes of the world, and now we rank with the first-class powers, enjoying both their esteem and friendship as their equal. … The object with which this small magazine is born is, therefore, to be the friend and guide to Japanese students of English, not only in their zealous pursuance of the language but in studying to know what is the best in the language and in all that it shows and embodies, as well as the best in our language and ourselves. In short we are ambitious of taking only the best from Europe and America, while preserving the best of ourselves, and in other words we aspire to remain children of Nippon to the marrow of bones with only the most beautiful apparel of the best European culture.

［訳］
創刊されたこの雑誌をたまたま目にした日本人学生は、みな一様に「また新しい英語雑誌か！」と叫ぶであろう。すでに同種の雑誌が多数書店に並んでいるため、多くの学生はどれを選んでいいか迷っているように見受けられる。本誌は、すでに存在する雑誌を「出来の悪い」ものとして批判する資格も持たなければ、これが最高の雑誌だと主張するほど慢心してもいない。ならば、いったいなぜ本誌が創刊されたのか。本誌の創刊の裏にどのような理由と目的が存在しうるか。このような疑問に答えるには、『英語之日本』を創刊に導いたいくつかの理念をお話しするのが一番いいだろうと思う。

いまや世界は、我々――日本――を東洋の放蕩息子と見なしている。まさにその通り――そう言いながら、どうしても誇らしげな気分になってしまう。それもそのはず、五十年近くさかのぼれば、日本は世界のなかで無に等しい存在であったが、いまや大国の仲間入りをし、列強から同等の存在として評価され、友好的に扱われている。（中略）すなわち、小誌創刊の目的は、日本の英語学習者が、英語という言語を一生懸命勉強するときばかりでなく、その言葉自体、あるいはそれが表し具現するものの価値を研究するときにも、そして我々の言語、我々自身の価値を研究するときにも、そのよき伴侶、手引きとなることである。要するに、本誌が目指しているのは、欧米のいいところを吸収する一方で、我々自身のいいところを保ちつづけることであり、言い換えるならば、我々は、西洋文化のもっとも美しい衣装をまとった生粋の日本人でありたいと思うのである。

これは、少なくとも根本理念においては、なかなか深い認識に基づく訓令であり、いまの文部科学省も、日本人にとって英語がいかに習得困難な言語であるかをもう少ししっかりと認識すれば、現在の英語教育の混乱状況はだいぶ改善されると思われる。いずれにしてもこの中央法令が拡大解釈され、成績の優劣を英語の履修条件にするような学校が出てきた結果、江利川（同書、同頁）によれば、「学校現場では英語が露骨な差別選別の手段になってしまった」という。

英語雑誌の隆盛と英語を専門とする出版社の創業、そして巷の英語ブームに逆行するかのような文部省通達。これらはいったい何を物語っているのだろうか。それは、明治初期の英学の状況と比べてみるとよくわかる。すでに見たとおり、明治初期には、ほんの一握りのエリートが英語漬けになって無我夢中で西洋の文物を学んだ。英学は国の命運を左右する国策であり、政府もお雇い外国人教師に多額の給与を払い、官立の外国語学校を創設し、惜しげもなく資金を投入してその政策を推し進めた。そして、日本が近代化を成し遂げた明治後期、英語は研究・学習の対象として客体化された。

本項で述べた事例が物語っているのは、教育の大衆化と日英同盟締結、日露戦争後の英語ブームのなかで英語が商品化し、英語研究・学習が政府の手を離れて産業として自立したということである。明治初期から後期までの英語を取り巻く環境の変化は、現在の英語狂騒、すなわち誰も彼もが英語を身につけようと右往左往し、文科省が「『英語が使える日本人』の育成のための戦略構想・行動計画」や小学校における英語教育を、英語産業との相互依存関係のなかで進めている状況と比較してみるとさらに興味深い。

英語雑誌に見る明治後期の英語事情

先述の正則英語学校の準機関誌『英語之日本』は、先の引用文からも窺えるとおり、多分に愛国主義的な色合いの強い英語雑誌である。これは、当時のナショナリズムの高揚によるものでもあろうし、正則英語学校校主（校長）斎藤秀三郎の思想性とも大いに関係があるだろう。

創刊当初の本誌の基本的な仕立てとして、まず最初に社説的な意味合いの強い英文随筆と斎藤秀三郎の手になる文学的な英文が一対になって掲載されている。後者は、古文、漢文、和歌、諺などの英訳の場合もあれば、第一巻第四号から第十号まで連載された 'The Battle of the Japan Sea'（「日本海海戦の歌」）のように創作された作品の場合もある。

THE BATTLE OF THE JAPAN SEA.

H. Saito.

PROEM.

KNOW ye the land where gods abode of yore,
And godlike men still guard the sacred shore;
Where th' Heaven-descended Lord benignly reigns,
And turns to heroes proud the humblest swains;
Where sings th' Imperial Bard of joys sublime,
And high and low with answering echoes chime;
Where India's lore and China's letters find
A home denied by the shores they left behind;
Where Grecian art and Roman virtue bloom,
And blend with Orient flowers, in rare perfume;
Where Royal Chrysanthemum its crown uprears,
And dares the world to show its meet compeers;
Where Cherry snows its fragrance on the gale,—
Fit emblem of the hearts that never quail
To die for Emperor and Fatherland,
When issues from on high the stern command?

'Tis th' Isle of Yamato, Hôrai hight of old,
The Promised Land of Western mariners bold;
Fabled richer far than India or Cathay,—
Tho' what those riches, ne'er so little knew they;
The which Columbus vainly sought to gain,—
It pleased not Fate that he a glimpse obtain.

「日本海海戦の歌」(『英語之日本』)

余談になるが、この作品は、内容、文学性、英語の質などに関して「はしなくも激しい論争を巻き起した」（大村、一九六〇年、三三四頁）という。同誌の第一巻第六号の「海戦歌とJapan Chronicle」は、本作に対するいくつかの批判を紹介しているが、それを紹介する前の導入部に面白い一節があるのでここに引用しておく。

斎藤氏の長編“The Battle of the Japan Sea”は氏が不退転の大精力によつて繁劇の裡にも着々其稿を進められ、起首九節と末尾二節（99, 100）とを色紙摺りにして同好の士に頒たるゝに至つた。何れも好評であるが中にもCaptain BrinkleyやMiss Tsudaの如きは非常に敬服して居られるとか、又新渡戸博士は此頃或人に語つて「何と豪い人間が出来たものではないか」と心からの嘆声を漏らされたといふことだ。

脱線ついでに、新渡戸が斎藤の業績をいかに評価していたかを示す文章を引用しておこう。時代は下って、昭和三年か四年頃に新渡戸が早稲田大学において行なった講演の原稿中の一節である。

斎藤秀三郎先生の著されたえらい字引〔（注）昭和三年刊の『斎藤和英大辞典』〕がある。私がもし文部大臣だつたら、すぐ勲章でも出したい。先生の事業が、先生をして日本国民の恩人とする十分の価値があると信じてゐる。（「英語及び英文学の価値」）

また、同じ講演原稿内に次のような一節もある。

十何年前だつた。文部省で英語の教授方法とか、それに関する審査とかいふ委員会があつて、私も任命された。その人数は七人だつたか、大家もをられたが、私を始め一人、二人の小家も、その中にはいつてゐた。その時分私は極力主張したけれども、やつてくれなかつた。何を主張したかといふと、中学校で教へる英語の言葉は二千に限つてしまへ。日に三つづつやれば、二年で出来るはずである。だから中学校で使ふ教科書などは二千以上の言葉を使ふな。二千の言葉だけの字引を拵へて、その代り二千だけはハッキリ覚えないといけない。

新渡戸がここで中学校と言っているのは、いまの中学校とは違って、尋常小学校の第一学年目から数えると七～十一学年目の、十二歳から十七歳くらいまでの生徒が勉強をする五年制の学校のことである。いまの制度に当てはめると、中学校と高等学校の最初の二学年を合わせたような学校と考えればいい。新渡戸の口ぶりからすると、語彙数を二千に制限することは明治末から大正はじめくらいの英語教育の常識に反しており、文部省からも英語教育の「大家」たちからも受け入れられなかったようである。

ちなみに、戦後の新制度において学習指導要領が定める中学校と高校の新語数を見てみると、昭和二六年には三千三百～六千八百（中学校千二百＋高校二千三百）だったものが、平成一〇年に改訂された現行の指導要領では二千七百（中学校九百＋高校千八百）に減っている。ある意味では、新渡戸が提案した、明治末には常識はずれであった語数に近づいたわけだが、いまの中高生がみなそれを「ハッキリ覚え」ているとはお世辞にも言えまい。

また同じ原稿の締めくくりの一節で、新渡戸は、「私は英語の先生でもなんでもない」という、言い訳とも謙遜ともつかぬ言葉を記している。おそらくは、いやおうなく英書に浸って英語を学んだ自分の学習経験が通用しない時代になったことを痛感したに違いない。

『英語之日本』に話を戻そう。斎藤秀三郎の英訳作品のなかでも圧巻と言えるのは、第二巻第一号（新年号）に掲載された「君が代」の英訳で、原文の意味をそっくり生かしつつ原曲の旋律にのせて歌えるリズムになっているところに斎藤の工夫が見られる。その英訳を掲げておくので、確認していただきたい。

May Thy glorious, glorious reign
Last for ages, myriad ages,
Till the shining pebbles small
Into mighty rocks shall grow,
Till hoary moss shall overgrow them all!

（斎藤秀三郎による「君が代」の英訳）

記事の内容は多岐にわたっているが、英米の文学作品の講釈も、日本の風物の紹介文も、あるいは実用会話の例文も、多くの場合、英日もしくは日英の対訳形式になっており、詳細な語法解

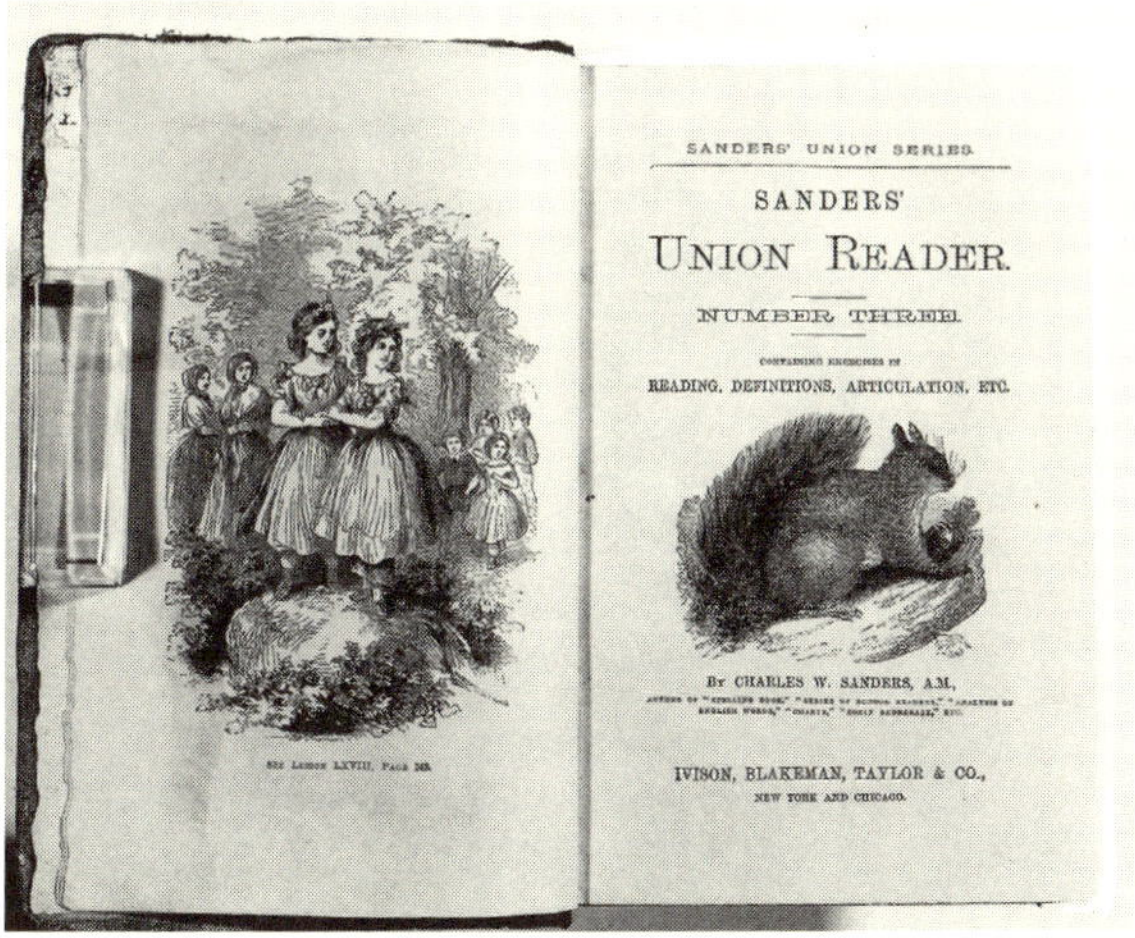

『ユニオン・リーダー』

『ナショナル・リーダー』

説が施されているのが一つの特徴である。また、英文和訳あるいは和文英訳形式による慣用表現解説が多いのは、この時代の英語雑誌の特徴と言っていい。『ナショナル・リーダー』(*Barnes' New National Reader*)や『ユニオン・リーダー』(*Sanders' Union Reader*)などの教科書の解説が充実しているのも、英語教育の大衆化を物語るものとして興味深い。

明治末の『英語青年』は、ナショナリズムの色彩の強い、日本文化発信型の『英語之日本』に比べると、いくぶん英文学作品の紹介に重点を置いているものの、その多くを対訳・訳注の形で紹介しているところは、この時代の英語雑誌の全般的な特徴と合致している。また、連載記事として「和文英訳作例」、「和文英訳練習欄」、「パラフレイズの例」のように和文英訳や英文書き換えの方法を解説したもの、「慣用句法解説」、「英語類句集」、「語句の用法」のように熟語・慣用句の使い方を解説したものが多くみられるのも、この時代の特徴である。同時に、「英語配置順序」、「副詞の配置順序」、「接続詞の配置順序」などの連載記事には、統語的な研究の萌芽が見られる。また、長期連載された「ニューナショナル第二読本輪講」と「ナショナル第四読本研究」の二つの教科書解説記事は、『英語之日本』の教科書解説記事と合わせて考えてみると、舶来の英語教科書、あるいはその翻刻版を用いた英語学習で苦労している学習者がかなりの数に上っていたことを暗示している。

連載記事の執筆者としては、馬場恒吾《つねご》（一八七五〜一九五六）、神田乃武《ないぶ》（一八五七〜一九二三）、平田禿木《とくぼく》（一八七三〜一九四三）、勝俣銓吉郎《せんきちろう》（一八七二〜一九五九）、武信由太郎《たけのぶよしたろう》（一八六三〜一九三〇）、岡倉由三郎《よしさぶろう》（一八六八〜一九三六）、石川林四郎《りんしろう》（一八七九〜一九三九）、熊本謙二郎（一八六七〜一九三八）、市河三喜《さんき》（一八八六〜一九七〇）、杉村楚人冠《そじんかん》（一八七二〜一九四五）など錚々たる顔ぶれが並んでいる。

明治四五（一九一二）年に刊行された『英語研究』第五巻第一号所収の「英研クラブ」中の文通相手紹介欄が面白い（次頁参照）。「次の三氏絵葉書交換希望。小生紹介の旨申添え直接交通あれ」という三輪なる人物の紹介文に続いて、三人のイギリス人の名前と彼らのイギリスの住所が記されている。さらにその少し下には、編集者から読者に対するメッセージとして、「外国少年紹介を希望の諸君は上欄を見て下さい」とある。上欄とは、先の三人のイギリス人が紹介されている欄のことだから、英語での文通を希望する読者は、三輪氏の紹介だといって紹介されているイギリス人に手紙を書けばいいことになる。実際にどれくらいの人数の文通希望者が先方に手紙を出したのか、先の三人が「少年」なのかどうか、はなはだ興味深いところだが、いずれにしても、このような紹介文が載っていることから考えて、当時、英語による文通の相手を探している英語学習者が少なからずいたことが分かる。

寫眞の說明

右の繪はがきは總て愛讀者京口謙一郎氏の寄贈で、第一はSwitzerland の少女、第二は Austria の看護卒、第三は米國の少女で、第四は支那天津の shoemaker (靴屋) です。

英國 Roe 君より淺草某氏への手紙

15 Warwick Road, Ipswich, England,
27—6—11.

Dear Sir,

Many thanks for your postcard received on the 25th June. I am sending you a few English stamps which I hope you will like. We are having some new ones printed, and as soon as I can collect a few I will send those. I shall be pleased to receive postcards from you, I am not collecting stamps.

Yours truly, Bertrum Roe.

〔大意〕 六月廿五日御葉書拜受多謝。少々ながら英國切手御送申上ぐ御領手下されたい。印紙の新しいのが出來ますから集り次第少々御送りします。何卒繪葉書御送り下さい僕は切手は集めて居ませぬ。 頓首

次の三氏繪葉書交換希望。小生紹介の旨申添え直接文通あれ
大阪東區備後町吉岡書店にて 三輪白譲生

Eddie Porter Esq.,
42 Guilinout St.,
Phornaby-on-Lees
Yorkshire, England.

Harry Murray Esq.,
66 Violet St.,
Halifux, England.

O Margan Esq.,
67 Wellington Rd.,
St. Panls Bristol, England.

合衆國切手多數あり、獨、佛、西瑞等の切手と交換したし。神奈川縣鎌倉郡永野村稲木堅實

繪葉書交換を望む

福島縣相馬中學校寄宿舍大住好 ◎東京瀧ノ川谷津越部甲次郎◎清國旅順中學校西川高徹 ◎東京芝日蔭町一の一中村繁 ◎福岡縣小倉師範寄宿舍末廣時彥 ◎福島縣若松市新橫町佐野友四郎方奈眞原善男 ◎大阪府泉南郡岸和田村城內生田武夫 播磨明石町の內舟町阿部勝利 ◎福井縣大野中學松村勝一

記者よりお答一束

◎外國少年紹介を希望の諸君は上欄を見て下さい ◎後志齋藤君福井丸山君神戶岸本君の御申込は讀者廣告にお出しなさい ◎岐阜淺井君本社近刊第五英文法の話を御覽 ◎岐阜蓬萊君本誌に每號出て居る樣なものに練習題附です燒本はあり ◎ T. Nakajima 君成るべく頂戴願いますが强てお希望なら返信料添えて下さらば使用後御戾し申す ◎下關 S. I. 君あなたの書いた通り小文字でも書いて差支ありませぬ例は澤山あり ◎阿部君あり 地山君なし ◎東京 S. O 君遲くも三月發行 ◎岡山ペン坊賞品掛に注意します

英研クラブ

寫眞の說明

左の第一は北米の愛讀者渡邊寅次郎の寄贈で、Spanish Peaks from Bruce Lake, La Veta, Colo. と說明がある。第二は San Diego High School の前景で同じ北米の讀者岡部君の寄贈。第三は英國 Sucker 君より讀者平石史朗君に寄せた The Stopping Stones, Endcliffe Woods, Sheffield とある。第四は New York の Brooklyn Bridge の圖で築地の外人某氏より得たるもの、第五は Washington の Soldiers' Home の圖で大阪の村谷正夫氏寄。

倫敦の Stanyon 孃より小田春子孃への手紙

76, Solent Road, N. W.,
London, England.

Dear Miss Haru Ota,

I thank you very much for your Post Card, which I received this morning. Would you be so kind as to stick the stamps on the view side. I think the spring is the best time of the year, and I think your name has a very pretty meaning. My birthday is on May 2nd and I am then 17 years old.

If you could send any Japanese stamps, either used or unused, I should be very pleased to add them to my collection.

I am sending you some cards by this post. The description of the picture is given on the address side.

Well, my dear Friend, I will close my letter now. Hoping you are quite well,

I remember
Your very sincere
English friend
Elsie Stanyon.

〔大意〕 御葉書有難う今朝受取りました。此次には繪面の方へ切手を貼つて下さいな。春といへば一番いゝ時候でせう．ですから乾度あなたのお名には深い意味があるのだと思ひますわ。私は五月の二日生れで今年十七歲よ。日本の切手の使つたのでも使はないのでも送つて下さいな、秘藏の中に入れて樂みますから。此便で二三枚葉書を贈ります、繪の說明は表に書いて置いてよ。さよならこれでおしまひにします。

「英研クラブ」（『英語研究』）

もっとも、英語学習の一環として英語で文通をする慣例は昭和中期あたりまで続いていたらしく、私自身、中学校でアメリカ人の「ペンパル」を紹介してもらい、はじめて英文の手紙などを書いた覚えがある。残念ながら返事がこなかったので、自己紹介の英作文練習をしただけで終わってしまった。

「受験英語」の誕生？

英語雑誌の記事のなかで英語教育の大衆化をもっとも明確な形で反映しているのが、いわゆる「受験英語」関連の記事である。逆に言えば、英語が実学的要素を失って学力選別の基準となり、大衆が受験に対応するための英語学習・研究を始めたことが英語雑誌の創刊ラッシュを引き起こした一因だと考えることもできる。

たとえば、『英語之日本』第二巻第六号には「試験にでさうな和文英訳（その二）」という記事があり、そのなかには「僕は第一高等学校の入学試験を受けるのだ。」という課題文がある。そのような課題文が用いられているところから考えても、この記事が高等学校への進学希望者をはじめとする受験生を対象としたものであることが分かる。ちなみに、この文に対する「答訳」は、'I am going in for the entrance examination to the First High School.' となっており、「註」には「"To go in for……"は『……の競争に加はる』意。故に試験を受ける事になるのだ」とある。熟語を中心に据えた、この時代独特の教授法である。

興味深いのは、試験問題関係の記事において解説されているものの多くが職業系学校の入学試験だということである。同誌創刊号の「入学試験問題解答」には長崎高等商業学校の入学試験が登場し、第二号では、同じく長崎高等商業学校の入学試験と専門学校入学予備検定試験問題が解説される。さらに第一巻（明治四一年刊行）各号を追っていくと、東京商船学校、名古屋高等工業学校、山口高等商業学校、仙台高等工業学校、神戸高等商業学校、東京高等商業学校、海軍機関学校といった名前が並んでいる。同巻の入試問題解説の記事に出てくるその他の学校は、東北帝国農科大学、第一高等学校大学予科、第四高等学校、第五高等学校くらいのものである。おそらくこれは、当時、職業系学校への進学者が増加したこと、さらに職業系学校においては英語が学力選別の基準として重視されていたこと（江利川、二〇〇六年参照）を物語っていると考えられる。

設問の主流は英文和訳と和文英訳で、たまにそこに文法問題が加わることがある。第一巻第六号で解説されている仙台高等工業学校の試験問題の一部を見てみよう。まずは、英文和訳問題から。

Nothing worth having can be had without labour.

Nothing … without ～「～なしに…ない」という二重否定的な構文、nothing に掛かる worth …ing「～する価値がある」という慣用句、それと受動態が微妙に絡み合って、すんなりと頭に入ってこない文である。正解としては、「持ち甲斐のあるものは働かずには取れない。」という訳が与えられている。さらに、当時の呼び方で言えば「難句」（難しい慣用句）を鍵とする和訳問題が三題あり、その次に文法問題が三題出題されている。最初の文法問題は次のとおり。

Change the underlined clauses into phrases:—

(a) As the door was open, I walked in.

(b) He promised that he would pay soon.

文法的な機能を担った単語の集まりのうち、主語と述語を含むものを節（clause）、含まないものを句（phrase）というが、右の問題は、下線部の節を句に書き換えよというもの。言い方を変えれば、複文を単文に書き換えよとの指示である。模範解答によれば、（a）は The door being open, I walked in （b）は He promised to pay soon という具合に、それぞれ独立分詞構文と to 不定詞の構文に書き換えられている。

英文和訳に文法的書き換え問題。これぞ多くの人がイメージする「受験英語」の設問形式ではないだろうか。受験英語なる特殊な英語が本当に存在するのかどうか、受験目的で英語を勉強すると実用的な英語力がつかないのかどうかは別にして、昭和後期から現代に至るまで、日本の英語教育の妨げとしてさんざん批判されてきた英語力の試験法の原型は、すでに明治末期に生まれているのである。

ついでに、明治四三（一九〇九）年の外国語学校の入学試験問題も見てみよう。当時中学校を卒業する生徒が受けた試験である。現在の高校二年生が受けてどのくらいの点数が取れそうか考えてみていただきたい。

英文和訳

1. Put on a cheerful countenance at table, especially if there be strangers, for good humour makes one dish of meat a feast.

2. He seemed not to notice the bustle any more than if the silence of a desert had been around him. He was wrapt in his own thoughts.

3. If I were to put a thick prism of glass in the path of the sunbeam, the whole light would be split up into all the colours of the rainbow.

4. There has been much bravery among the privates, and the fortune of the day depended as much upon their courage as upon the ability of the general in command.

和文英訳

1 あなたは日英博覧会に行きたくはありませんか。

2 金があるなら行きたいものですがね。

3 あなたの伯父さんはもうご出発になりましたか。

4 まだです。準備に中々手間がかゝります。

昭和を代表する英語学者・英語辞書編纂者の岩崎民平《たみへい》（一八九二～一九七一）は、徳山中学校を卒業して東京外国語学校に入学すべく、この試験を受けた。試験を終えて下宿に帰った彼と徳山中学校の先輩・石田憲次（のちに京都大学教授）とのやり取りが、岩崎の回想録に描かれている。

外語の入試を済ませて下宿に帰ると、石田憲次先輩から、どうでしたと訊かれたので、和訳では（中略）「その日の戦闘の勝利は、general（将軍）の戦略にもよることながら、privates（個人）の勇敢によることも多大であった」とか出ましたとprivatesに少々不安をもちながら答えた。「そのprivatesは兵卒でしょうな」と言われて、私が少ししょげたらしく、石田さんは、「まあそこまでできたら大丈夫ですよ」と言われた。

（「試験と私」）

小川芳男（東京外国語大学名誉教授、元学長）によれば、これが岩崎の入学試験における唯一の間違いであったらしい。昔の英語エリートの英語力には、あらためて驚かされる。

『英語青年』の記事のなかにも、やはりかなりの頻度で入試問題の解説記事がある。「○○学校入学試験問題解答」というような形で載っている場合が多く、学校名として頻出するのは、東京外国語学校、東京高等商業学校、第一〜第七高等学校、東京高等師範学校、山口高等商業学校、神戸高等商業学校、仙台高等工業学校、海軍兵学校などである。これを見ても、職業系学校の入試問題が熱心に研究されていたことが分かるであろう。また、「文部省検定予備試験問題解答」や「高等文官予備試験問題解答」のような検定予備試験の解説記事もある。いずれの記事も、この時代、筆記試験による英語力判定と、それに対応するための試験準備がかなり広範囲に行なわれるようになったことを物語っている。

明治末期の英語教科書と英語辞書

池田哲雄は、明治時代における英語教科書の使用状況を三つの時代に分けて説明している（『日本の英学一〇〇年——明治編』、三五八〜三七八頁参照）。まず第一期は、明治初年から一八年ごろまでの「舶載本時代」。この時代は、ほとんど海外から輸入した英書を教科書として用いていた。第二期は、明治一八年ごろから三〇年までの「翻刻本時代」。外国から輸入した読本を日本で再製して教科書として用いた時代である。代表的な読本としては、先述の『ナショナル・リーダー』と『ユニオン・リーダー』がある。この二つの読本に関する『英語青年』誌上の解説記事について、池田は次のように書いている。

そしていつも見られるようにベストセラーズのテクストには必ず虎の巻・解釈本が形影相伴うように出版されるもので、その方も両書の場合汗牛充棟《かんぎゅうじゅうとう》ただならず沢山の訳書がある。明治から大正にかけて「英語青年」誌が『ナショナル』第四・五読本の訳解註釈を本邦英学諸大家を煩わして連載したことはまた同書の流行を裏書きするものといえよう。

池田は、明治三〇年以降を第三期の「邦刊本時代」としており、実際に三〇年代には、江利川(二〇〇六年、一二五頁)も指摘するとおり「舶来本全盛時代が終わり、神田乃武や斎藤秀三郎などの日本人の著作になる検定教科書が主流を占めるように」なっている。明治四〇年代に用いられた代表的な国産教科書としては、夏目金之助『チョイスリーダー』、出田新『サイエンスリーダー』、斎藤秀三郎『プラクチカルイングリッシュレッスンズ』、神田乃武『英語読本』と『新英語読本』、熊本謙二郎『新英語読本』などがある。一方、明治四〇年代の『英語之日本』、『英語青年』のいずれにも『ナショナル・リーダー』の解説が載っていることからも分かるとおり、邦刊本が次々と出版・使用されるようになってからも、このベストセラー読本はさまざまな形で併用されていたものと考えられる。

夏目金之助校訂『チョイスリーダー』

また明治四〇年代に出版された国産の英語辞書としては、融道玄他著『中学英和新字典』（東華堂、一九〇七年）、山口造酒・入江祝衛共編『註解和英新辞典』（賞文館、一九〇七年）、三余学寮編纂『日英新辞典』（大阪・田中宋栄堂、一九〇七年）、三宅伊九郎著『英語異同弁例解』（榊

原文盛堂、修学堂・文海堂、一九〇七年)、松本茂雄編『英和実用単語集』(修学堂、一九〇八年)、和田垣謙三他著『実用いろは引和英辞典』(東華堂書店、一九〇八年)、F・W・イーストレーキ著『英和熟語慣用句辞典』(三省堂、一九〇八年)、郁文舎編『新式和英会話辞典』(郁文舎、一九〇八年)、和田垣謙三著『新増英和辞典』(大倉書店、一九〇九年)、普通学講習会著『学生英和小辞典』(大阪・田中宋栄堂、一九〇九年)、井上十吉編『新訳和英辞典』(三省堂、一九〇九年)、佐久間信恭・広瀬雄共編『和英大辞林』(郁文舎、一九〇九年)、神田乃武・南日恒太郎共編『英和双解熟語大辞典』(有朋堂書店、一九〇九年)、F・W・イーストレーキ・越山平三郎共編『英和例解熟語双解新辞典』(金刺芳流堂、一九〇九年)、広瀬雄・大島隆吉編纂『英和熟語中辞林』(郁文舎、一九〇九年)、W・リップマン編『新案英語絵単語』(第日本図書株式会社、一九〇九年)、融道玄他著『註解英文和訳辞典』(東華堂書店、一九〇九年)、小池浜三・北村定共著『英和俗語字典』(小川尚栄堂、一九〇九年)、谷郁一佐・山口造酒『新訳英和中辞林』(六盟館、一九一〇年)、和田垣謙三・榊原弥編『新訳英和双解辞典』(鐘美堂、一九一〇年)、上野陽一他編『学生英和辞典』(博報堂、一九一〇年)、福喜多靖之助・林弘之共著『新訳中学英和辞典』(松雲堂、一九一〇年)、毛利可久他著『中学新英和辞典』(大修堂・修学堂、一九一〇年)、内村達三郎・佐久間信恭著『新式初等英和辞典』(成美堂、一九一〇年)、沢井要一編『掌中新英和字典付和英索引』（明倫館、一九一〇年）、渡部万蔵著『和英引用辞典』（昭文堂、一九一〇年）、神田乃武他編『模範英和辞典』（三省堂、一九一一年）、岩杉三郎、栗原元吉編『中学英和新辞林』（新潮社、一九一一年）、秋山正議『中学英和双解辞典』（博文館、一九一一年）、勝俣銓吉郎著『英和例解要語大辞典』（有朋堂書店、一九一一年）などがある（早川、二〇〇六年、参照）。

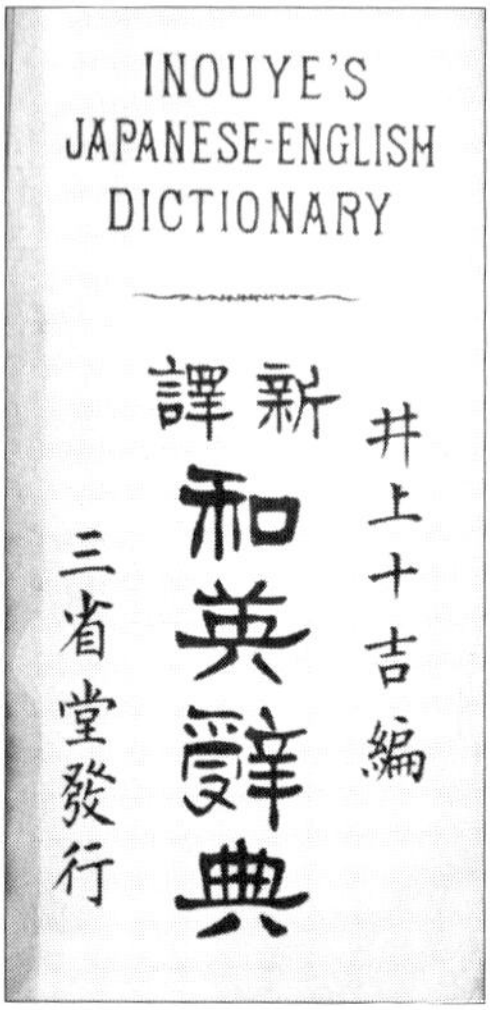

井上十吉『新訳和英辞典』扉

このうち、のちのベストセラー英和辞典『井上英和』の著者・井上十吉《じゅうきち》（一八六二〜一九二九）が明治四二年に出版した『新訳和英辞典』の記載内容を見てみよう。たとえば、日本語の「だから」に対しては、次のような記載がある。

Daitōryō (大統領), *n.* A president.
☞ 大統領教書, ***the president's message.***—墨國大統領, ***the President of the United Mexican States.***

Daiyamondo [金剛石], *n.* Kongōseki を見よ.

Daiyō (代用), *n.* Substitution. ——**-suru**, *vt.* To substitute; use in place *of*.
これは皮の代用になる紙です. This is the paper which can be used as substitute for leather.
新入生徒は暫らく普通の服を學校の制服に代用してもよろしい. New students may for a while wear ordinary clothes in place of the school uniform.

Daiyoku (大慾), *n.* Avarice ; greed.
大慾は無慾に似たり. "Avarice overreaches itself."

Daiyūsei (大熊星), *n.* The Great Bear; *Ursa Major.*

Daizai (大罪), *n.* A great crime ; an enormity.
——**-nin** (-人), *n.* A great offender ; a felon.
彼は殺人の大罪を犯したり. He committed the great crime of murder.

Daizen (大全), *n.* A complete collection.
☞ 料理大全, ***a complete work on cookery.***

Daizenshoku (大膳職), *n.* The Bureau of Imperial Cuisine.

Daizu (大豆), *n.* The soja [soy] bean.

Dajaku (惰弱), *n.* Indolence ; effeminacy. ——**-na**, *a.* Indolent ; effeminate.
彼は惰弱で何一つやって見る奮發心がありませぬ. He is indolent and lacks the spirit that sets him to do anything.
學生は漸次惰弱に流れるやうだ. Students appear to be becoming more and more effeminate.

Dajare (駄洒落), *n.* A poor pun [joke]; a witticism.

Dajōdaijin (太政大臣), *n.* The Prime Minister.

Dajōkan (太政官), *n.* The Privy Council.

Dajōkō (太上皇), *n.* An Emperor Abdicant.

Dakan (兌換), *n.* Conversion. ——**-suru**, *vi.* To convert. ——**-no**, *a.* Convertible.
☞ 兌換券[紙幣], ***a convertible note*** [*paper*].—兌換制度, ***the conversion system.***

➤ **Dakara**, *ad.* & *conj.* Therefore ; consequently; on account of; because of; as; so; that is why.
だからさうするなといふのだ. That is why I told you not to do it.
惡意はないのだから許してやるが宜しい. As it was not done with malice, you had better let him off.
だからといつて此儘に放任するとは出來ぬ. Yet, for all that, I cannot let it be as it is.
だから青年時代は最危險の時期といふのだ. And therefore youth is called the most dangerous period of life.

日本語の言葉遣いこそやや古めかしいものの、内容的には、現代の簡単な和英辞典と比較しても遜色がない。万延二（一八六一）年に出版された石橋政方著『英語箋』において「生スル」が「to bear トウ　ビール」、「損スル」が「to discompose（トウ　ディスコンポース）〔ママ〕」などと定義されているのを見ると（同書、一二八頁）、ほんの半世紀足らずの間に日本の英語辞書が急速な進歩を遂げたことがわかる。

夏目漱石と岡倉由三郎の英語教育論

本章を締めくくるにあたり、夏目漱石と岡倉由三郎の英語教育論を紹介しておく。いずれも明治四四（一九一一）年に書かれた論考であり、一方で明治末の英語事情を伝えながらも、他方で日本の英語教育の普遍的な問題にも触れている。

まずは、明治四四年一～二月号の『学生』に載った夏目漱石の「語学養成法」から見てみよう。本稿の主旨は、明治の後期に顕著になった学生の英語力の低下の原因を探り、その事態を受けてどのような語学教育を施せばいいかを論じたものである。漱石は、まず学生の英語力の低下を「日本の教育が正当な順序で発達した結果」であるとし、次のように論じている。

……吾々の学問をした時代は、総ての普通学は皆英語で遣らせられ、地理、歴史、数学、動植物、その他如何なる学科も皆外国語の教科書で学んだが、吾々より少し以前の人に成ると、答案まで英語で書いたものが多い。（中略）処が「日本」と云ふ頭を持つて、独立した国家という点から考へると、かゝる教育は一種の屈辱で、恰度《ちょうど》、英国の属国印度と云つたやうな感じが起る。日本のnationalityは誰が見ても大切である。英語の知識位と交換の出来る筈のものではない。従つて国家生存の基礎が堅固になるに伴《つ》れて、以上の様な教育は自然勢を失ふべきが至当で、又事実として漸々《ぜんぜん》其の地歩を奪はれたのである。実際あらゆる学問を英語の教科書でやるのは、日本では学問をした人がないから已むを得ないと云ふ事に帰着する。学問は普遍的なものだから、日本に学者さへあれば、必ずしも外国製の書物を用ゐないでも、日本人の頭と日本の言語で教へられぬと云ふ筈はない。又学問普及といふ点から考へると、（或る局部は英語で教授しても可《よ》いが）矢張り生まれてから使ひ慣れてゐる日本語を用ゐるに越した事はない。たとひ翻訳でも西洋語その儘《まま》よりは可いに極つてゐる。

語學養成法（上）

夏目漱石

語學の力の有つた原因

一般《ぱん》に學生《がくせい》の語學《ごがく》の力《ちから》が減《げん》じたと云《い》ふことは、餘程《よほど》久《ひさ》しい前《まへ》から聞《き》いて居るが、私《わたし》も亦實際《またじつさい》敎《をし》へて見《み》て爾《さ》う感《かん》じた事《こと》がある。果《はた》して爾《さ》うだとすれば、それは何《ど》う云《い》ふ原因《げんいん》から起《おこ》つたか。その原因《げんいん》を調《しら》べなければ學習《がくしふ》の方針《はうしん》も敎授《けうじゆ》の方針《はうしん》も立《た》つものでないが、專門的《せんもんてき》にそれを調《しら》べるには、その道《みち》の人《ひと》が幾何《いくら》もある。私《わたし》は別《べつ》に纏《まと》まつた考《かんがへ》がある譯《わけ》ではないが、氣附《きづ》いた事《こと》だけを極《ご》くざつと話《はな》して、一般《ぱん》の敎育者《けういくしや》と學生《がくせい》の參考《さんかう》にしやうと思《おも》ふ。――私《わたし》の思《おも》ふ所《ところ》に由《よ》ると、英語《えいご》の力《ちから》の衰《おとろ》へた一原因《げんいん》は、日本《にほん》の敎育《けういく》が正當《せいたう》な順序《じゆんじよ》で發達《はつたつ》した結果《けつくわ》で、一方《ぱう》から云《い》ふと當然《たうぜん》の事《こと》である。何故《なにゆゑ》かと云《い》ふに吾々《われ〳〵》の學問《がくもん》をした時代《じだい》は、總《すべ》ての普通學《ふつうがく》は皆英語《みなえいご》で遣《や》らせられ、地理《ちり》、歷史《れきし》、數學《すうがく》、動植物《どうしよくぶつ》、その他《た》如何《いか》なる學科《がくくわ》も皆外國語《みなぐわいこくご》の敎科書《けうくわしよ》で學《まな》んだが、吾々《われ〳〵》より少《すこ》し以前《いぜん》の人《ひと》に成《な》ると、答案《たふあん》まで英語《えいご》で書《か》いたものが多《おほ》い。吾々《われ〳〵》の時代《じだい》に成《な》つても、日本人《にほんじん》の敎師《けうし》が英語《えいご》で數學《すうがく》を敎《をし》へた例《れい》がある。斯《か》る時代《じだい》には伊達《だて》に――金時計《きんどけい》をぶら下《さ》げたり、洋服《やうふく》を着《き》たり、髯《ひげ》を生《は》したりするやうに――英語《えいご》を使《つか》うて、日本語《にほんご》を用《もち》ふる場合《ばあひ》にも、英語《えいご》を用《もち》ゆると云《い》ふのが一種《しゆ》の流行《りうかう》でもあつたが、同時《どうじ》に日本《にほん》の敎育《けういく》を日本語《にほんご》でやる丈《だけ》の餘裕《よゆう》と設備《せつび》とが整《とゝの》はなかつたからでも有《あ》る。從《したが》つて、單《たん》に英語《えいご》を何時間《なんじかん》習《なら》はる

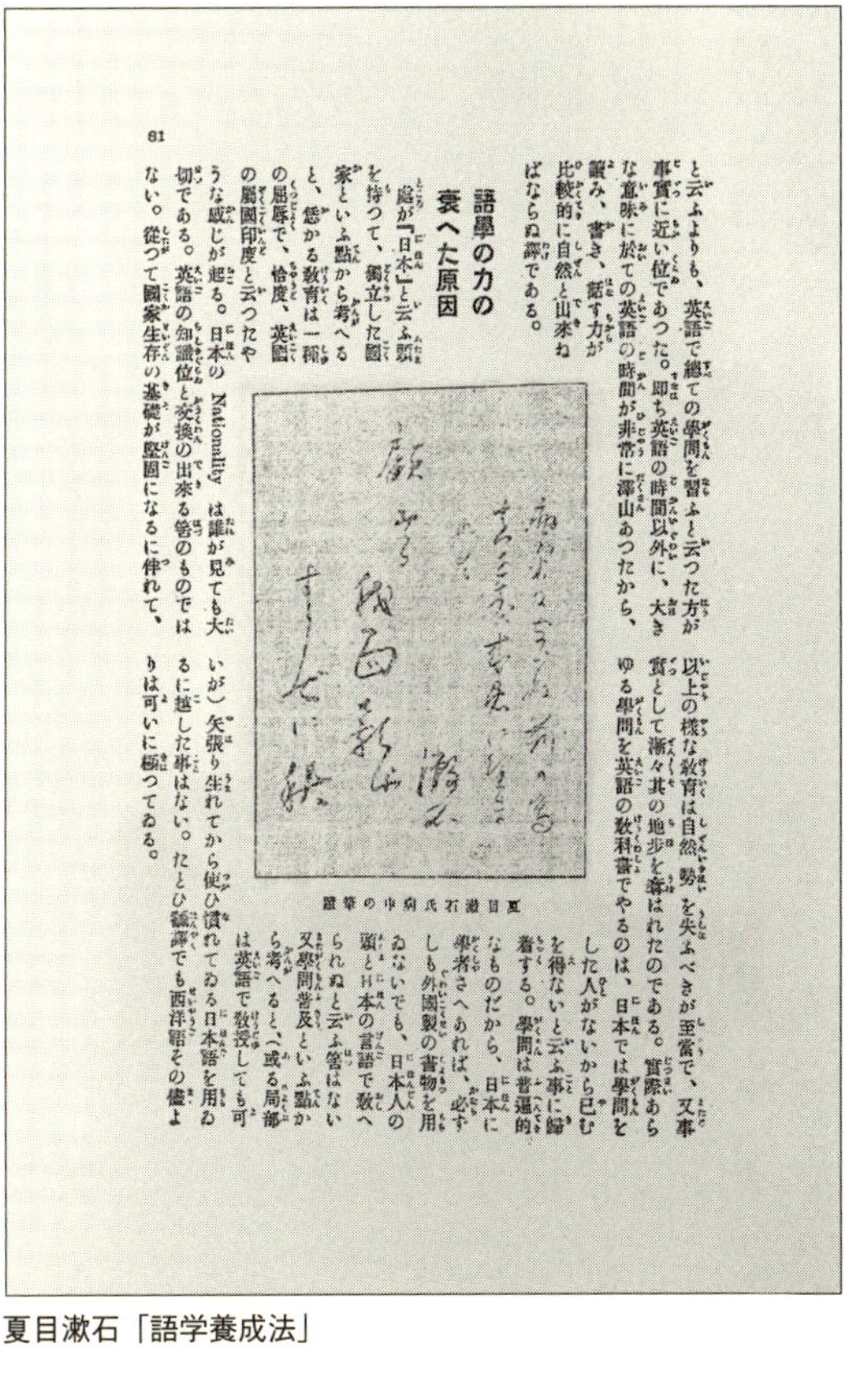

81

と云《い》ふよりも、英語《えいご》で總《すべ》ての學問《がくもん》を習《なら》ふと云《い》つた方《はう》が事實《じじつ》に近《ちか》い位《くらゐ》であつた。即《すなは》ち英語《えいご》の時間《じかん》以外《いぐわい》に、大《おほ》きな意味《いみ》に於《おい》ての英語《えいご》の時間《じかん》が非常《ひじやう》に澤山《たくさん》あつたから、讀《よ》み、書《か》き、話《はな》す力《ちから》が比較的《ひかくてき》に自然《しぜん》と出來《でき》ねばならぬ譯《わけ》である。

語學の力の衰へた原因

處《ところ》が「日本《にほん》」と云《い》ふ頭《あたま》を持《も》つて、獨立《どくりつ》した國家《こくか》といふ點《てん》から考《かんが》へると、斯《か》かる敎育《けうゐく》は一種《しゆ》の屈辱《くつじよく》で、恰度《ちやうど》、英國《えいこく》の屬國《ぞくこく》印度《いんど》と云《い》つたやうな感《かん》じが起《おこ》る。日本《にほん》の Nationality は誰《たれ》が見《み》ても大切《たいせつ》である。英語《えいご》の知識位《ちしきぐらゐ》と交換《かうくわん》の出來《でき》る筈《はづ》のものではない。從《したが》つて國家《こくか》生存《せいぞん》の基礎《きそ》が堅固《けんご》になるに伴《つ》れて、以上《いじやう》の樣《やう》な敎育《けうゐく》は自然《しぜん》勢《いきほひ》を失《うしな》ふべきが至當《しとう》で、又事實《またじじつ》として漸々《ぜんぜん》其《そ》の地歩《ちほ》を奪《うば》はれたのである。實際《じつさい》あらゆる學問《がくもん》を英語《えいご》の敎科書《けうくわしよ》でやるのは、日本《にほん》では學問《がくもん》をした人《ひと》がないから已《や》むを得《え》ないと云《い》ふ事《こと》に歸着《きちやく》する。學問《がくもん》は普遍的《ふへんてき》なものだから、日本《にほん》に學者《がくしや》さへあれば、必《かなら》ずしも外國製《ぐわいこくせい》の書物《しよもつ》を用《もち》ゐないでも、日本人《にほんじん》の頭《あたま》と日本《にほん》の言語《げんご》で敎《をし》へられぬと云《い》ふ筈《はづ》はない又學問普及《またがくもんふきふ》といふ點《てん》から考《かんが》へると、(或《あ》る局部《きよくぶ》は英語《えいご》で敎授《けうじゆ》しても可《よ》いが）矢張《やは》り生《うま》れてから使《つか》ひ慣《な》れてゐる日本語《にほんご》を用《もち》ゐるに越《こ》した事《こと》はない。たとひ飜譯《ほんやく》でも西洋語《せいやうご》その儘《まま》よりは可《よ》いに極《きま》つてゐる。

夏目漱石氏病中の筆蹟

夏目漱石「語学養成法」

漱石がこれを書いてから百年近く経った現在、ここからまた明治初期に逆行するような英語教育の動きが推奨される傾向にあるが、この漱石の論を退けるほど大きな歴史的変化が、少なくとも英語を取り巻く環境に関してあったとは思えない。いずれにせよ、学生の学力低下を「正当な現象」としながらも、せめて英語教育を改良する方策として漱石が挙げているのは、「教科書編成と教員の養成及び改良」である。これぞまさに現代の英語教育が必要としているものではないか。

岡倉由三郎

岡倉由三郎の『英語教育』（一九一一年）は、いかにも英語教育の専門家の手になる本らしく、もっぱら英語教育・学習の理念と方法論に焦点を当てている。岡倉はまず、日本の英語学習者が長年の学習にもかかわらずなかなか英語を使いこなすことができない現実を、卑近な例を用いて紹介している。

長男は中学に入つて英語を学ぶこと此に五年、次女は学校で裁縫の稽古すること同じく五年、同一歳月を費したる今日、各其進歩の状況を比較するに、兄の方は普通な英書も読めず、卑近な英文も書けず、五年間の修業は、殆ど何ら纏まつたる形跡を遺さゞるに、妹の方は之に反して、一通は着物も縫へる、羽織袴の仕立ても可なりに間に合ふ、五年の稽古は確かに相当の効果を収めて居る。斯様な例は随分珍しく無い事だらうと思ふが、之をよく考へれば、英語教授の要旨を説明すべき倔強の例証は実に此所に存するのである。

中学・高校と六年間英語を勉強するのにさっぱり英語が使い物にならない、という不満の声はしばらく前までよく聞かれた（下手をするといまでも聞かれる）けれども、そのような問題はいまから百年前に始まっていたのである。そして、その状況は幾多の英語教育改革にもかかわらず、今の今に至るまで改善されていないばかりか、実用コミュニケーション中心主義、そしてゆとり教育の理念が導入されてからさらに悲惨な様相を呈している。つまり、早くも憎まれ口を叩いておくと、日本英語教育史上、中学・高校レベルでの大衆英語教育がめざましい成果を挙げたためしはただの一度もない。それは、文法・読解中心の教育が悪いからでも、受験英語が悪いからでもない。並の日本語話者が、一日一時間程度の授業を六年間受けただけでいっぱしの英語の使い手になるのは、そもそも無理なのである。この厳然たる事実から目を背けようとするから、日本の英語教育はどんどんおかしな方向に行く。

岡倉の論に戻ろう。漱石の論考同様、学生の英語力低下を時代の必然として扱っている箇所があるので、次に引いておく。

今日の学生に、語学の力の不足なりと認められる点は、語彙の知識の貧弱なことも其一である。かのあらゆる学科に原書を用ゐなければならなかつた時代には、英語の力の上から見て、其活用方面は兎まれ、単語に於ては、充分豊富なる知識を有するを得たことは事実である。然るに今日の如く、英語は英語の教授時間以外に、之を学び得る機会が殆ど無くなつた時代には、此点に対して遜色あるは止むを得ぬことである。

とはいえ、英語教育の専門家である以上、「止むを得ぬ」では済まされない。さらに岡倉は、さしずめ現在だと「教養主義」という否定的な意味合いのレッテルを貼られそうな英語教育論を展開しつつ、できるだけ学生を英語に触れさせる策をいくつか提示しているのだが、その究極の策として彼が挙げているのが「自宅自修」である。

> そこで、之を補ふ為には、自宅自修を多く遣らせる外、名案の無いことゝ為る。究極の所、今日は自修を多く命ずると云ふ事が、最緊切な点で、英語教授を効果あらしめるには、自修に俟つを最良とするより外に道が無い。然るに今日の教授法では自修に十分重きを置いて居るか、頗る疑はしい。此点は深く教師諸君の注意を乞はねばならぬ。

これまた悲しいまでに当たり前の真理ではないか。この岡倉の論が通用しないほどまでに現代の教授法が「科学的」進化を遂げたと言い切れる人が、果たしてどれだけいるだろうか。

第二章

大正時代の英語

明治から大正へ

明治時代における日本人と英語の関わりあいを、ここでもう一度簡単に整理してみよう。明治初期、国の欧化政策に乗って一握りのエリートたちが英語漬けになって英米の学問・政治・文化を学んだ。明治中期、国力の充実に伴ってナショナリズムが高揚し、外国人教師の雇用削減、教育言語の国語化など、欧化政策からの転換が図られた。そして、当然ながら、エリート学生たちの英語力も急激に低下し、実学としての機能を失った英学は、英語・英文学研究へと専門分化していった。

エリート学生の英語力が低下の一途を辿ったと言われている、発音軽視・訳読重視のいわゆる「変則英語」全盛の明治二〇年代から三〇年代を、福原麟太郎（一八九四〜一九八一）は「日本の英学の黄金時代ではなかったかと思う」とまで言っている（福原、一九九七年、三五頁）。福原のような英文学の専門家の目には、英学が英文学研究を中心に据える専門的な学問になったことは、むしろ歓迎すべき進化と映ったのであろう。彼が挙げている「黄金時代」の担い手たちは、夏目漱石をはじめ、坪内逍遥（一八五九〜一九三五）、馬場孤蝶《こちょう》（一八六九〜一九四〇）、戸川秋骨《しゅうこつ》（一八七〇〜一九三九）、土井晩翠《ばんすい》（一八七一〜一九五二）、平田禿木（一八七三〜

一九四三)、上田敏(一八七四~一九一六)などである。ここに厨川白村《くりやがわはくそん》(一八八〇~一九二三)の名も加えるべきであろう。

この顔ぶれを見ると、たしかに日本の英文学研究の礎を築いた人たちであることは間違いない。だが、彼らは英学者というよりもむしろ英文学者と呼ぶべき人たちである。福原自身の「漱石の時代から、日本の英学は英文学になっている」(同書、二九頁)という言葉は、まさに正鵠を得ている。また、英文学研究が専門化する一方で、斎藤秀三郎、岡倉由三郎らが英語の専門的研究に着手していた。

明治後期、日英同盟の締結、日露戦争における勝利により、第二次英語ブームが訪れたが、すでに見たとおり、英語は実学的要素を失い、専門的研究の対象、あるいは受験科目として客体化された。そして、英語研究・学習者の数の増加にともない、英語産業が興った。

明治から大正にかけての日本の英語環境の変化を簡単に説明すると次のようになる。まず、明治中期以降に始まった英語研究の専門分化が加速し、英語学、英文学研究が高度に専門的な学問として確立した。また、英語教育・学習が大衆化し、増大する学習者を効果的に指導するための方法論が模索されるようになった。また、この変化にともない、専門的な英語研究と大衆の英語学習の分極化が起こったのも、この時代の英語をめぐる力学の特徴である。

市河三喜『英文法研究』

大正時代における専門的英語研究の確立にもっとも貢献したのは、英語学者の市河三喜（一八八六〜一九七〇）である。高梨健吉は、『日本の英学一〇〇年――大正編』の「概説」のなかで、「［英語学研究において］大正は市河時代ということができよう」とまで述べている。それどころか、彼の英語研究のありようが、善かれ悪しかれ、大正以降の日本の英語・英文学研究と英語教育に一つの方向性を与えたと言っても過言ではない。この人物に触れずして大正・昭和における日本人と英語との関係を論じることはできない。

市河三喜は、明治一九年、東京の下谷の書家の家に生まれた。府立一中在学中に英語修業に目覚め、第一高等学校を経て、明治三六年、東京帝国大学文科大学言語学科に入学した。ここで彼は、外国人教師ジョン・ロレンス（John Lawrence 一八五〇〜一九一六）の影響下で英語学を修め、優等生として卒業時には恩賜の時計を授与された。さらに彼は大学院に進学して英語学の研究を続け、在学三年目の大正元年、まさに新しい時代を「市河時代」としようと図ったかのようなタイミングで一気にその名を世に知らしめることになる。

市河の出世作と言えば、何と言っても大正元（一九一二）年九月に研究社から出版された『英文法研究』である。これは、彼が明治四四年四月から翌年の七月まで『英語青年』誌上に連載した「英文典瑣談」と「ディケンズと俗語の研究」に加筆修正を施し、さらに書き下ろしの小文を加えて一書にまとめたもので、日本における本格的な英語学の出発点と評されることが多い。ただし、一見些末な、あるいは例外的な語法を論じているように見えるため、一読しただけではなかなかその価値が見えにくい。本書がいかなる意味で画期的なのかを解説しておこう。

たとえば、「Such an one」と題された本書第一編の最初の章は、章題にある'such an one'という句を論じている。日本の学校で普通に英語を習った人であれば、即座にこの三語の組み合わせがおかしいと感じるであろう。三つ目のoneの発音は/wʌn/であって、母音で始まってはいないから、学校英文法の教えるところによれば、その前の不定冠詞はanではなくてaでなければならない。これが学校文法の、そして言語使用の規範を定めることを旨とした規範文法(prescriptive grammar)の考え方である。

ところが市河は、いきなり章の冒頭で英文学中の名作の中から集めた'such an one'の用例をずらりと並べたのち、こう指摘する。

その他 Swinburne も *Miscellanies* の中に度々用いているが、この “such an one” という形は恐らく聖書の影響であろうと思う。Cruden の *Concordance* で見ると……Bible の中に such an one という phrase の用いられていることが十二回、これに対して such a one は僅かに一回（コリント後書第二章七節）しか出ていない。
……One の前に an を用いた例は such an one という phrase のほかに “many an one”, “e'er an one” などの例がある」と指摘している。

ここまで豊富な用例を見せつけられると、単なる文法ミスとして片付けるわけにはいかない。そこには何か理屈があるはずである。市河はそれを次のように説明する。

元来 a も an も one も源は同一の語即ち Old English の数詞 an から出ており、それが一方で one となって残ると共に他方では早くから indefinite article に用いられ、これは文における位置上 stress がないため次第に weaken されて an となりあるいは a となったもので、一時は母音の前にも子音の前にも同様に用いられていた。それが子音の前には n のとれた形即ち a を用いるように分化(differentiate)したのだが、なおしばらくの間は y, w, h の前だけには依然 an を用いていた。an unit, an one, an hero 等はその時代の名残りである。

なるほど、言語の正しい用法を規定する規範文法においては非文法的とされる 'such an one' という句が母語話者によって実際に用いられている裏にこういう理屈があったかと納得が行く。

このほかにも、本書中では、none という単語がなぜ単数にも複数にも用いられるのか、every や each など、本来は単数で用いられるべき単語をなぜ複数形の代名詞 they (their, them) で受けることがあるのか、なぜ規範文法的な観点からみて正しいはずの It's I ではなく、It's me という表現が日常的に用いられるのか、などなど、些末とも思える数々の語法が実証的に説明されている。

扱われている語法こそ一見些末ではあるけれども、それに関する議論の立て方は、日本における英文法研究史上、画期的なものである。すなわち、本書の最大の意味は、規範文法とは別のところに、母語話者による実際の言語使用を説明する別の法則——のちの時代の概念を用いて言えば「記述文法（descriptive grammar）」——が存在することを明確に示した点にある。もちろん、分析の対象となる文法事項を文学作品をはじめとする書き英語のテクストから採っているところなど、主として話し言葉を対象とする構造主義言語学以降の文法研究とは多少趣を異にしているけれども、規範文法研究から記述文法研究への転換点が市河の『英文法研究』にあったと言っても過言ではない。

これ以降、多かれ少なかれ規範的にならざるを得ない学校文法、あるいは学習英文法の構築は、英文法学者の関心から外れていくことになる。話を分かりやすくするため、誤解されることを覚悟でやや強い言葉を使えば、英文法研究が「象牙の塔」に持ち込まれることになった契機の一つが市河の『英文法研究』にあったと考えることができる。先に市河の英語研究のありようが、善かれ悪しかれ、大正以降の日本の英語・英文学研究と英語教育に一つの方向性を与えたと言ったのは、そういう意味である。

市河三喜

『英文法研究』

本書が出版されたのと同じ年に、のちに『山貞《やまてい》』の名で親しまれることになるベストセラー受験参考書、山崎貞(一八八三~一九三〇)の『英文解釈研究』が出版されたのも象徴的である。以後、日本の英語研究は、分野的に細分化するのみならず、その目的においても学術研究と実用指導とに分極化していくことになる。

『英文法研究』が出版されてからひと月後の大正元年一〇月、市河は英語研究のため英独への三年間の留学を命ぜられ、イギリスに向けて出帆した。本節の最初に記した生年と経歴を確認していただければ分かるとおり、彼はまだ大学院に在学中の二十六歳の青年である。その歳ですでに日本の英文法研究史上画期的な著作を発表し、成績優秀者として留学を命じられることになったのだ。そしてまた、彼はこの時点で、帰朝後の東京帝国大学文科大学教授の地位を確保している。英語学研究における大正時代を「市河時代」と呼びたくなる気持ちもよく分かる。

大正前期の英語事情

英語学研究が専門性を帯びるに至ったこの時代、夏目漱石の時代に学問分野として確立した英文学研究もまた専門性を高めていった。大正二（一九一三）年、英文学者の斎藤勇（一八八七〜一九八二）は東京帝国大学文科大学に講師として就任し、専門的に英文学を講じた。大正六年には、同大学英文科内に東京帝国大学英文学会（昭和四年に日本英文学会となり、現在に至る）が設けられ、二年後には学会誌たる『英文学研究』が創刊された。

日本の国力の充実にともなってナショナリズムの風潮がいっそう強くなる一方で、日英同盟の締結と日露戦争における勝利がもたらした英語ブームも少しずつかげりを見せてくる。前章で見たとおり、学生の英語力も低下の一途をたどり、それを改善する策も一向に見当たらない。そうなると、当然ながら、英語教育に対する不満が募り、いっそのこと英語教育など止めてしまえ、国語だけで十分だ、という声が高まってくる。これが大正後期に盛んになる英語廃止論につながっていく。

大正二年から五年にかけて「英語教育大会」なるものが三回開かれているが、堀口俊一によれば、その大会は、このようなナショナリズムに彩られた英語教育批判と国語尊重論に対する「自己反省と、反対論に対する結束運動で開かれた」という（「一　英語教育――（一）前期の英語教育」、『日本の英学一〇〇年――大正編』)。それぞれの大会の主要テーマ――「何故英語の成績が振るわないのか。成績をあげるにはどんな方法があるか」、"How Can the Co-operation of Foreign and Japanese Teachers Be Made Most Efficient for the Teaching of English in Middle Schools?"(中学校の英語教育において、外国人教師と日本人教師はどのように協力しあうのがもっとも効果的か)(第一回大会)、「英語に対し中学生をして尚ほ一層の興味を感ぜしむる方法」(第二回大会)、「英語教授を学生の徳性を進むるために有効ならしむる方法」(第三回大会)――を見るかぎり、大正時代の英語教師たちが、何とか生徒の英語力を向上させるような授業を展開しようと努力しながら、他方でなかなか実利的効果を上げることができない英語教育の存在意義を、その教養的価値に求めようとしている様子が窺える。

日本人の英語力が伸び悩むなか、すでに斎藤秀三郎が提唱するような文法学習に対する不信感も生まれていたらしく、斎藤の側近中の側近とも言える佐川春水《しゅんすい》(一八七八~一九六八)は、『英語之日本』第七巻第五号(一九一四)に"English Atmosphere" v. Grammar' と題する英文随筆を発表し、文法学習の重要性を説きつつ、当時人心に浸透しはじめた自然習得法《ナチュラル・メソッド》信仰を批判している。いまだに繰り返されている「自然な習得か文法か」の議論の原型がすでにこの時代に生まれていることを示すため、そして日本の語学学習の伝統に則って徹底的に文法を叩き込まれた語学エリートの英語力を見ていただくために、その原文の一節を掲げておく（次頁参照）。

この随筆の冒頭で“Think in English”「英語で考える」という発想を批判的に紹介し、引用文中でも natural method という用語を用いているところから逆算して、すでにこの時期、次項で紹介する音声重視主義が台頭し、文法・訳読式教授法への批判が高まりつつあったと考えていいだろう。

一方、英語は相変わらず入学試験や検定試験をはじめとする試験において学力判定・選別の基準として用いられ、英語の専門学校が繁盛し、受験参考書や試験対策本が数多く出版された。磯辺弥一郎の国民英学会は、機関誌『中外英字新聞』を発行しつつ、主に実用に力を入れた英語教育を行ない、大正七年には創立三〇周年の記念祝賀会を挙行した。

そのライバル校たる斎藤秀三郎の正則英語学校も存続していたが、こちらはすでに全盛期を過ぎ、斎藤自身は大正元年に『正則英語学校講義録』、四年に『熟語本位英和中辞典』を出版して気炎をあげてはいたものの、その強烈な個性も災いして、いろいろなところでほころびを見せはじめていた。大正六年には、その準機関誌たる『英語之日本』が廃刊となり、八年には、長年斎藤に忠実に仕えてきた先述の佐川春水、伊藤豊守、内山常治の三人の有能な部下が去った（大村、一九六〇年、四四〇～四四九頁参照）。佐川は、その後、大正九年に日進英語学校を設立した。また、佐川と一緒に明治大学で教鞭を執っていた山崎寿春は、大正七年に東京高等受験講習会（のちの駿台高等予備校）を創立した。

佐川春水の英文随筆より

To illustrate the value of grammar in language study, I will tell you a story:—

To Japanese, father and son, during their stay in London, learned the English language each in his way, that is, the son—a lad of ten or twelve, I suppose—picked up words and phrases while playing with his English comrades; the father, on the contrary, made a grammatical study of language, learning little by little each day. At the end of one year the result was something disheartening to the father; for though he had mastered a few rules of composition and learned a number of expressions for common use, yet he was far from being a decent speaker of English, while his rival, the son, could express himself quite freely in the borrowed tongue—so much so that he came to be mistaken for an English boy. There was no comparison between the two. "Is not a sure sign of success on the part of the natural method?" some may cry out. So far, it is; but pray wait a moment—something still remains to astonish you. A household misfortune suddenly called them back to Japan. Another twelve-month rolled by and behold! The tables were now turned, for this time the winner was the father—he was able to continue his study of English and was making slow but steady progress; while his son, who had been carrying all before him when in London, now turned out to be as helpless as a turtle on its back, being scarcely able even to present ordinary greetings when in company.

［訳］

語学における文法の重要性を例示するために、ある逸話をご紹介しよう。

あるところに日本人の父子がいた。二人は、ロンドン滞在中、それぞれの流儀で英語を学んだ。すなわち、息子は——たぶん十歳から十二歳くらいの子供だったのであろう——英国人の友だちと遊びながら自然に語句を覚えていった。一方、父親のほうは文法の勉強をし、毎日地道に学んでいった。一年後の結果は、父親を落胆させるほどのものであった。彼も多少は構文規則など習得し、かなりの日常表現を覚えたものの、およそ会話などはおぼつかなかった。一方、ライバルたる息子はというと、覚えた言葉で自由自在に自分を表現し、その自然さゆえに英国人と間違われるほどの上達ぶり。二人はまるで比べ物にならなかった。「これこそ自然習得法《ナチュラル・メソッド》が正しいことを示す何よりの証拠ではないか」と声高に主張する人もいるであろう。たしかに、ここまでのところを見るかぎりそのとおりかもしれない。だが、ちょっと待っていただきたい——驚くべき続きがあるのである。家に不幸があったために、この父子は日本に帰らねばならぬことになった。そして、また一年が過ぎ、どうだろう、立場は完全に逆転してしまった。勝ったのは父親のほうである——彼はそのまま英語の勉強を続け、地道に実力をつけていった。一方、ロンドンでは破竹の勢いであった息子は、まるでひっくり返された亀のように無力となり、人前での日常的な挨拶すらまともにできなくなってしまった。

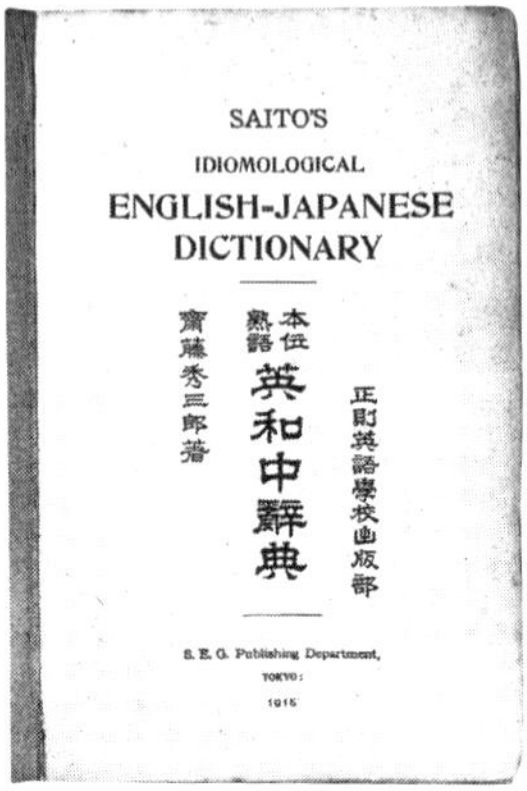

斎藤秀三郎
『熟語本位英和中辞典』扉

大正時代の受験参考書を語る上で忘れてならないのは、南日《なんにち》恒太郎《つねたろう》（一八七一～一九二八）と先述の山崎貞の二人である。南日は富山県生まれの英語教師で、二十五歳で英語の検定試験に合格した際、試験官の一人であった神田乃武に見出された（荒巻鉄雄「四　受験英語」、『日本の英学一〇〇年――大正編』）。南日は、のちに学習院で教授として教鞭を執りながら、数々のベストセラー受験参考書を執筆した。南日の参考書の内容については、伊村元道『日本の英語教育200年』（大修館書店、二〇〇三年、一七七～一八一頁）が詳しく論じている。

山崎貞は長野県出身の英語教師。早稲田大学を卒業後、正則英語学校の文学科で学び、のちに同校で講師として教鞭を執りながら、『英語之日本』にも多くの訳注を寄稿している。その後、早稲田高等学院教授となった。彼の代表作『英文解釈研究』は、その改訂版『新英文解釈研究』（一九一五年）、『新々英文解釈研究』（一九二五年。いわゆる「山貞《やまてい》の新々」）、さらに高見頴治と佐山栄太郎の手になる改訂版も含めロングセラーとなり、「研究社のドル箱」と呼ばれた（伊村、同書、一八二頁）。このシリーズにおける言語材料の提示の仕方は、統語法研究が本格化する以前の英語教育・学習観を反映し、熟語・慣用句を中心としている。

南日恒太郎『英文解釈法』

南日恒太郎『和文英訳法』

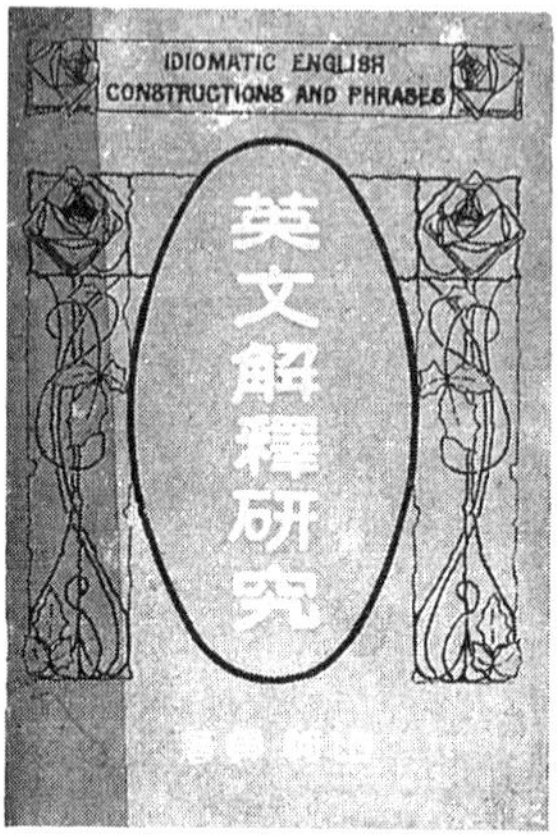

山崎貞『英文解釈研究』

大正の英語研究・教育は、ここまで見てきたような多元化する状況のなかで大きな転換点に差し掛かる。

大正デモクラシーと音声重視の英語教育改革

第一次世界大戦の終結（一九一八年）と翌年のヴェルサイユ条約締結によって新しい世界秩序が生まれ、それと相前後して世にデモクラシー思想が蔓延するようになった。その世界的な風潮に後押しされ、戦争景気に沸く日本においても「大正デモクラシー」の名で呼ばれる護憲運動、普通選挙運動、労働運動、民衆運動などが盛んになった。

この大正デモクラシーは、教育の大衆化という形で英語教育界に影響を与えた。すなわち、大正六（一九一七）年、新しい世界秩序に対応する教育制度を検討するための「臨時教育会議」が設置され、その答申に基づいて、高等学校令の改正をはじめとする数々の教育改革が実施されるに至り、教育の裾野が広がったのである。そして、小学校令の改正（大正八）によって「外国語」が独立の教科となるや、英語科を設ける高等小学校が急増した（江利川、二〇〇六年、第五章第四節参照）。

このような教育改革のなか、英語教育改革論議も活性化した。学生の英語力が低下の一途を辿るなかで英語教育関係者が英語教育改善の道を模索していたことはすでに述べたとおりだが、大正後期に入ると、彼らは外国からもたらされた理論のなかに救いの道を探るようになった。そして、その探索のなかで、日本の英語教育は、かつての文法・読解中心主義から音声中心主義へと大きく方向転換することになる。

外国からもたらされた一つ目の理論は、音声表記の理論である。すでに明治後期には、岡倉由三郎が『英語発音学大綱』（一九〇六年）においてイギリスの言語学者・音声学者ヘンリー・スウィート（Henry Sweet 一八四五〜一九一二）。ちなみに、バーナード・ショーの『ピグマリオン』、およびそれをもとにしたミュージカル『マイ・フェア・レディ』に出てくるヒギンズ先生のモデル）の科学的音声学・音韻表記を紹介していたが、ダニエル・ジョウンズ（Daniel Jones 一八八一〜一九六七）が一七年に発表した「国際音標文字」（International Phonetic Alphabet＝〈略〉ＩＰＡ）を同じく岡倉が紹介すると、いくつかの辞書や発音辞典が従来のウェブスター式表音法に変わってＩＰＡの発音表記を採用するようになった。やがてＩＰＡは、その優秀性が認識され、ウェブスター式に変わって主流の発音表記法になっていく。

音声教材のない時代における発音指導の苦労を物語る面白い教材がある。岡倉が大正一〇年に発表した『英語発音練習カード』（研究社）がそれで、それぞれのカードには、ある特定の音の出し方が、国際音標文字、顔の断面図、口の絵、声門の開閉を示す記号などによって示されている（次頁参照）。

大正後半における最大の英語教育改革は、イギリス人音声学者ハロルド・E・パーマー（Harold E. Palmer 一八七七〜一九四九）による「オーラル・メソッド（Oral Method）」の普及であった。パーマーは、教育家・成城学園創立者の澤柳政太郎（一八六五〜一九二七）、川崎造船所所長・絵画収集家の松方幸次郎（一八六五〜一九五〇）、物理学者の木下正雄（一八八三〜一九六六）

[VIII.]

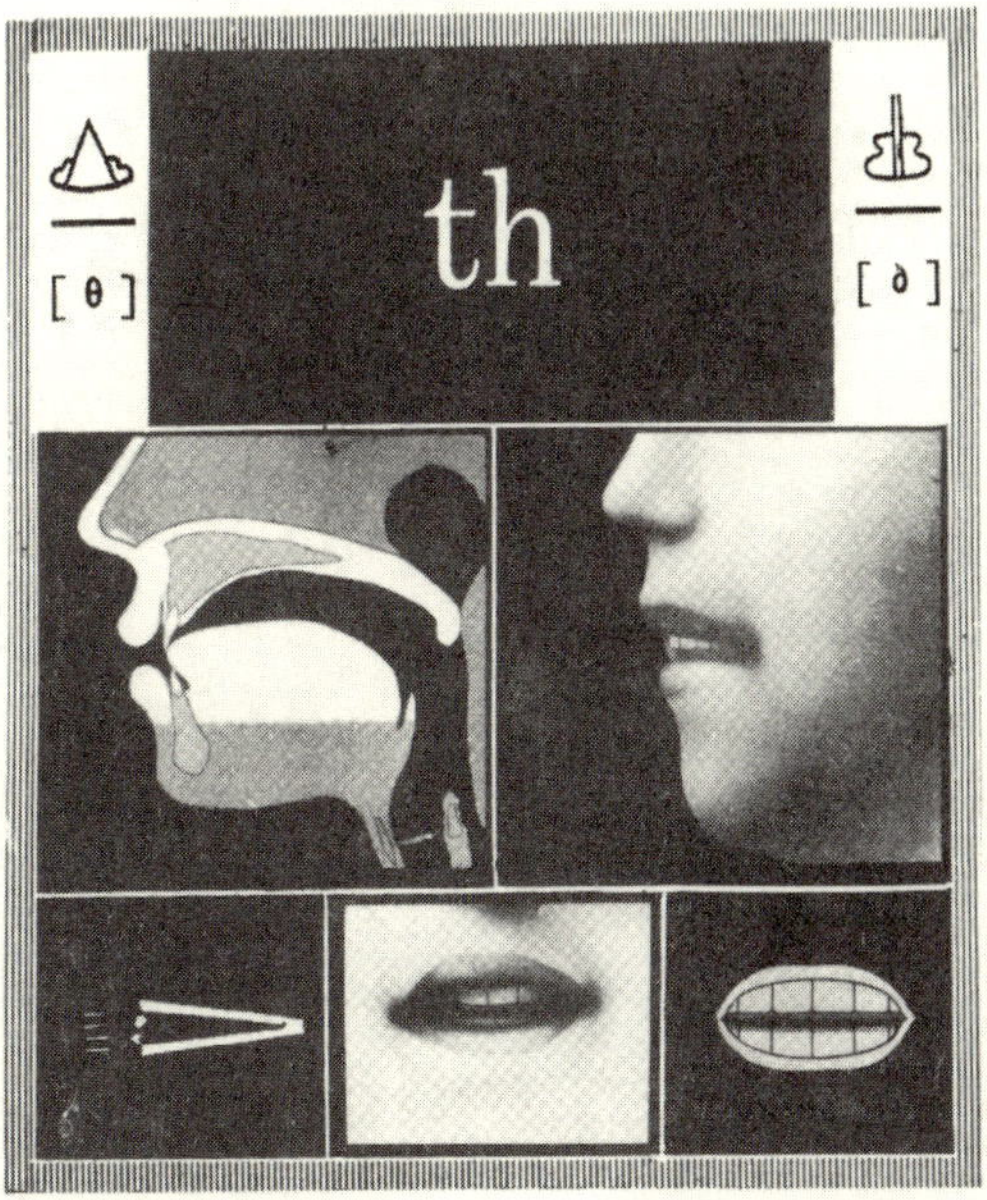

[θ]		[ð]	
thick	thief	this	than
thin	throw	that	there
think	tenth	they	their
health	earth	then	though
bath	breath	bathe	breathe
path	month	with	smooth

岡倉由三郎『英語発音練習カード』より

らの尽力により、日本の英語教育改善のために、大正一一（一九二二）年に来日した。彼は来日と同時に文部省の英語教育顧問となり、さらに翌年、現在の語学教育研究所の前身である英語教授研究所（The Institute for Research in English Teaching）を設立、その初代所長となった。そして、音声言語を第一言語とする構造主義言語学の考え方に基づく音声中心の英語教育を広めるべく、積極的に日本各地を歩いて講演や授業実演を行ない、昭和一一（一九三六）年に離日するまで日本の英語教育改善に尽力した（詳細については伊村元道『パーマーと日本の英語教育』、一九九七年を参照のこと）。

パーマーの理論と現在の実用コミュニケーション中心主義との違い

パーマーのオーラル・メソッドが、現在の実用コミュニケーション中心主義につながる音声重視の英語教育理論の先駆となったことは疑いようもないが、パーマーの理論を詳細に調べてみると、彼の教育理念と実用コミュニケーション中心主義との間には大きな違いがあることがわかる。それどころか、両者は、部分的にはまったく相反する理念だと言っても過言ではない。その違いは、彼の主要著書の一つである『言語学習の原理』（*The Principles of Language-Study*, 1922）を見るとよくわかる。

本書は、言語教育・学習にとって重要な要件を項目別に論じたものである。その第六章において、パーマーは、言語教授において重要なものとして九つの原則を挙げている（次頁参照）。

この九原則のうち、(1)、(4)、(6)、(7)は、言語教育においては当たり前とも言える原則で、いまでもそのまま受け継がれていると考えていいだろう。(2)も一見当たり前に見えるけれども、ここでパーマーが心理学の知見に基づく習慣形成の重要性を説いていることに注目したい。何かを繰り返し反復することで習慣を形成することは、のちのパタン・プラクティス（pattern practice）でも重視された、言語教育・学習にとってきわめて重要な過程なのだが、これは現在の英語教育

パーマー『言語学習の原理』
（1964 年の再刊本）

パーマーの九原則

(1) *Initial Preparation.* During the initial stages of the course the teacher will, if necessary, endeavour by means of appropriate forms of exercise to awaken and to develop the student's natural or spontaneous capacities for language-study, in order that he may be adequately prepared for his subsequent work.

(2) *Habit-forming.* Language-study is essentially a habit-forming process; the teacher will therefore not only assist the student in utilizing his previously formed habits, but will also cause him to acquire new ones appropriate to the work he is to perform.

(3) *Accuracy.* No form of work is to be adopted which may lead to inaccurate habits of language-using, for habit-forming without accuracy means the forming of bad habits.

(4) *Gradation.* The teacher will cause the student to pass from the known to the unknown by easy stages, each of which will serve as a preparation for the next, and thereby secure a constantly increasing rate of progress.

(5) *Proportion.* The various aspects of language (i.e. understanding, speaking, reading, and writing) as well as the various branches of the study (i.e. phonetics, orthography, etymology, syntax, and semantics) to receive an appropriate measure of attention.

(6) *Concreteness.* The student will proceed from the concrete to the abstract, and will therefore be furnished with an abundance of well-chosen examples.

(7) *Interest.* The methods are to be devised in such a way that the interest of the student is always secured, for without interest there can be little progress.

(8) *Order of Progression.* The student should first be taught to hear and to articulate correctly, then to use sentences, then to make sentences, then to make (i.e. to inflect or to derive) words. In this way he will secure rapid and yet permanent results.

(9) *Multiple Line of Approach.* The language should be approached simultaneously from many different sides in many different ways, by means of many different forms of work.

［訳］

⑴ 初期段階の準備　課程の初期段階において、教師は、生徒の自然で自発的な言語学習能力を覚醒し、発達させるために、必要に応じて適当な形の練習をさせることで、生徒が以後の作業に難なく入っていけるようにする。

⑵ 習慣形成　言語学習とは、本質的に習慣形成の過程である。したがって教師は、生徒がそれまでに身につけた習慣を利用するのを助けるのみならず、それ以後の作業を行うために必要な新しい習慣を身につけるように仕向けるようにする。

⑶ 正確さ　不正確な言語使用を促すような課業を施すべきではない。正確さを欠く習慣形成は、悪習の形成でしかない。

⑷ 漸次的進行　教師は、生徒が既習のものから未習のものに滑らかに進んでいけるようにする。それぞれの学習段階は次の段階の準備となるようにし、それによって一定の進度を保つようにする。

⑸ バランス　言語の諸相（理解、会話、読解、作文）と英語学の諸分野（音声学、正書法、語源学、統語法、意味論）にしかるべき注意を払わなくてはならない。

⑹ 具体性　生徒の学習段階は具体的なものから抽象的なものに移行していくことになるので、すぐれた例文をたくさん用意する必要がある。

⑺ 興味　つねに生徒の興味を喚起するような教授法を採用すべきである。興味のないところに進歩はないからである。

⑻ 学習順序　生徒はまず聞く練習をし、次に正確に発音する練習をする。そこから文を使う練習、文を作る練習、さらに（語形を変化させたり派生させたりして）単語を使う練習をする。このようにして、生徒は迅速に、それでいながら確実に英語力を身につけることができる。

⑼ 多様なアプローチ　言語を扱う場合には、一度に多くの側面を見て、多様な方法論を用いつつ、多様な課業を施すのがよい。

では重視されていない。(8)の学習順序が重要であることは、現在の英語教育でも認識されているが、次に論じるとおり、「正確に」聞いたり発音したりすることにはまったく注意が向けられていない。(9)も本来はとても重要な原則であるが、現在ではある特定の教授法が盲信される傾向にあり、教師の裁量によって多様な授業を展開するという発想が失われている。

そして、実用コミュニケーション主義との最大の違いが見られるのは、(3)の項目である。同書の第九章において、パーマーは、語学教授における「試行錯誤」的な方法を否定しつつ、この「正確さ」の原則をさらに詳細に説明している（次頁参照）。

できるだけ学習者に間違ったものを見せない、聞かせない、実践させないというのは、およそあらゆる技芸の教育・学習の基本原則だが、この原則は、現在の英語教育における実用コミュニケーション中心主義では完全に否定されている。学習者が英語嫌いになるという理由で、あるいはさらに教師自身が正確な英語を操る自信がないという理由もあろう、「間違ってもいいから」あるいは「文法的な間違いを気にせずに」、とにかくコミュニケーションを図る努力をせよ、とのメッセージが繰り返されているのである。

The method of trial and error … is in direct opposition to the principles of accuracy; it is the method of sink-or-swim, of die-or-survive, of flounder-and-grope-until-you-hit-on-the-right-way. To replace this method by something less cruel is the function of such things as guides, teachers, and pedagogic devices. For let us remark that the environment of the young child who acquires language spontaneously … is such that error has little or no chance of surviving; the persons with whom he is in contact are providing him continually with accurate models of whatever the dialect may happen to be; he is given no chance of imitating wrong models, and he is not intelligent enough to create them himself in any appreciable degree. …

One of the most important advances in the art of language-teaching will have been made when the principle of accuracy is understood, accepted, and adopted by all who are engaged in this work either as teachers or as trainers of teachers.

［訳］

試行錯誤的な方法は……正確さの原理の対極にある。それは、浮くか沈むか、死ぬか生きるか、正しい道を手探りで探しまわれ、というやり方である。この方法より一段階ましなものを提供するのが先達や教師や教材の役割となる。自然に言語を獲得する子供を取り巻く環境を考えてみれば分かりやすい。そこでは、ほとんど間違いが起こりえない。つねに接触している人間たちが、生れついた場所の言葉の正確な型をつねに示してくれているからだ。子供は、間違った型を真似する余地もなく、わざとそのような型を作っておもしろがるほどの知恵もない。……

教師であれ、教師教育に携わっている人間であれ、彼らがこの正確さの原理を理解し、受け入れ、採用したとき、言語教育の技術が大きな一歩を進めたことになる。

きわめて理に適った教授・学習法であるフリーズのパタン・プラクティスも、授業や学習が単調になりやすいとの理由で教育現場から消えた。要するに、オーラル・メソッドにしてもパタン・プラクティスにしても、外国から仕入れたはいいが、その要諦とも言える部分が学習者にとって、そして教師にとって実践困難であるという理由で削ぎ落とされてしまったのである。そして、その残った部分に、教師・学習者のいずれにとっても都合のいい「間違ってもいい」、「文法的な間違いを気にするな」という原則が付け加わってできあがったものが、現在の浅薄な実用コミュニケーション中心主義だと言っても過言ではない。その「間違ってもいい」、「間違いを気にするな」という、学習の基本に反する言説がいつごろ成立したのかについては、またあとで見ることにする。

大正の英語教材

パーマーの来日によって日本の英語教育に新たな指針が示されたとはいえ、彼自身が教科書を作るようになるのは、昭和に入ってからのことで、大正時代の英語教材に目立った変革があったわけではない。

教科書としては、『ナショナル・リーダー』や『ユニオン・リーダー』などの舶来もののべストセラー教科書に加え、明治三〇年代に主流を占めるようになった国産の検定教科書が広く用いられていた。大正時代、とくに職業系諸学校で用いられた国産の代表的な教科書を江利川（二〇〇六年）から拾ってみると、神田乃武著『スタンダード・リーダー』、『神田中文典』、『新英語読本』、『ニュー・クラウン・リーダース』、斎藤秀三郎著『イングリッシュ・リーダー』、『イングリッシュ・レッスンズ』、牧忍著『英語文法読本』、菱沼平治著『ニュー・エラー・リーダーズ』、塩谷栄著『ノーマル・リーダー』、『ニュー・ランゲージ・リーダース』、『新文法』、岡倉由三郎著『アウトライン・オブ・イングリッシュ・グランマー』、『英文典』、『ノーマル・スクール・リーダー』、吉岡源一郎著『ニュー・ファウンテン・リーダー』、神保格著『ニュー・イングリッシュ・リーダー・フォー・ノーマルスクール』、南日恒太郎著『プラクチカル・イングリッシュ・グランマー』、厨川辰夫著『ニュー・チャムピオン・リーダース』など、さまざまなものがある。

これ以外の教科書の著者として、島岡丘は石川林四郎、上条辰蔵、篠田錦策、武信由太郎、市河三喜、千葉勉、岡田明達の名を挙げ、さらに大正期のリーダーの特徴として「（一）興味づけへの配慮。（二）発音記号の採用。（三）スペリングの重視。（四）読解と題材の重視」の四つを挙げている（「英語教科書」、『日本の英学一〇〇年——大正編』）。

大正時代に出版された辞書のうち、代表的なものとしては、増田藤之助著『新撰英和辞典』（丸

善株式会社、一九一三年）、上田万年他監修『大正英和辞典』（金港堂、一九一三年）、佐久間信恭編『例解英和熟語難句辞典』（修学堂書店、一九一三年）、熊本謙二郎・南日恒太郎共編『袖珍英和辞典』（有朋堂書店、一九一四年）、神田乃武・南日恒太郎共編『英和双解熟語大辞典』（一九一四年）、井上十吉著『井上英和大辞典』（至誠堂書店、一九一五年）、斎藤秀三郎著『熟語本位英和中辞典』（日英社、一九一五年）、井上十吉著『井上英和中辞典（至誠堂書店、一九一六年）、神田乃武他共編『大増補模範英和辞典』（三省堂、一九一六年）、清水起正編・神田乃武閲『袖珍英和熟語辞典』（有朋堂、一九一六年）、神田乃武・金沢久共編『袖珍英和辞典』（三省堂、一九一七年）、熊本謙二郎他共編『袖珍英和和英辞典』（有朋堂、一九一七年）、武信由太郎編『武信和英大辞典』（研究社、一九一八年）、神田乃武他共編『模範新英和大辞典』（三省堂、一九一九年）、神田乃武・石川林四郎共編『袖珍和英辞典』（三省堂、一九一九年）、井上十吉篇『井上和英大辞典』（至誠堂書店、一九二一年）、広瀬雄・大島隆吉編『最新英和熟語難句大辞典』（大修館書店、一九二一年）、斎藤秀三郎『携帯英和辞典』（日英社、一九二二年）、神田乃武・金沢久共編『袖珍コンサイス英和辞典』、井上十吉編『井上ハンディ英和辞典』（至誠堂書店、一九二三年）、石川林四郎編『袖珍コンサイス和英辞典』（三省堂、一九二三年）、市河三喜著『英語発音辞典』（研究社、一九二三年）、新渡戸稲造他監修『熟語本位英和大辞典』（三省堂、一九二四年）、竹原常

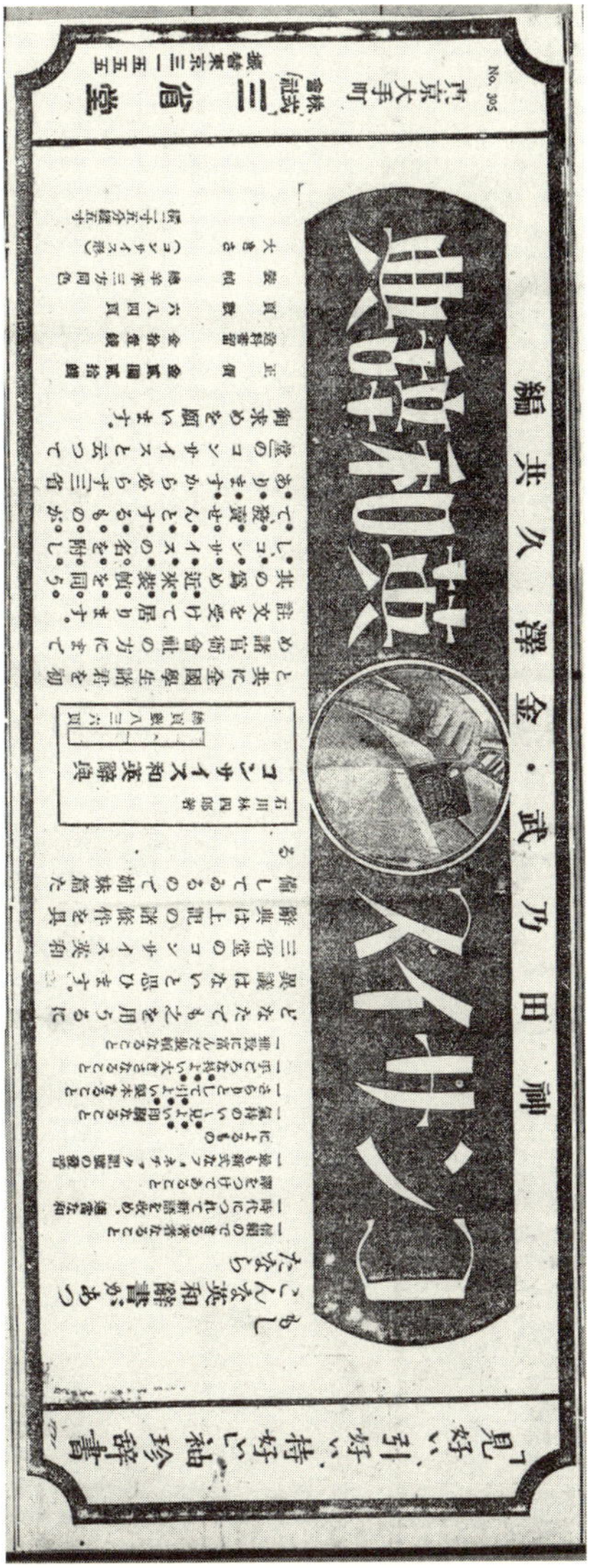

『コンサイス英和辞典』の広告

太著『スタンダード和英大辞典』（大阪・宝文館、一九二四年）、武信由太郎編『武信和英新辞典』（研究社、一九二四年）などがある。

辞書の名前に頻繁に見える「袖珍」の文字は、袖にはいるほどの小型の本の意味で、日本初の印刷英和辞書たる堀達之助編『英和対訳袖珍辞書』以来、頻繁に英語辞書の名につけられるようになった。また、辞書の名前の一部に「熟語」や「難句」の文字が見られるのも、明治後期から大正時代にかけての特徴で、この時代の語彙・文法研究は、熟語・難句研究が主流であった。文法研究に統語論的な視座がもたらされるのは、昭和に入ってからのことである。また、国際音標文字がもたらされたとはいえ、この時代の辞書においては、まだウェブスター式の表記が主流であった。

大衆向けに発売されたこの時代の英語学習教材は、英語教育研究における新しい音声中心主義の影響を受けることなく、まだ熟語・難句中心主義を色濃く残している。たとえば、大正九年に出版された本多孝一著『英語熟語急速暗記法』（松邑三松堂）という暗記本を見てみると、そこには、形容詞句だろうが副詞句だろうが、あるいは群動詞だろうが、とにかく慣用的に用いられる熟語がアルファベット順に並べられている。

たとえば、アルファベットのeのところでは、形容詞＋代名詞のeach other、形容詞＋前置詞のeager for、副詞句のeither way、句動詞のeat of、他動詞＋再帰代名詞のenjoy oneself、慣用句の enough and to spare と enter into business というまったく違う構造の慣用表現が、その順番で例文とともに紹介される。いまの感覚からすれば体系的でないという印象を受けるが、この時代、単語・熟語・難句をできるだけ多く覚えることが主な英語の勉強と考えられていたのだから仕方がない。

この熟語本位主義は、訳読主義とともに、この時代の読解教材の仕立てにも見ることができる。この時代の読解教材の典型的な仕立ては、読解の対象となる英文（ほとんどの場合、文学作品のテクスト）を細かく区切り、その部分ごとに訳文と語彙・熟語に関する注釈を施すというものである。

大正七年に出版された『原文訳文詳註アン・アチックフィロソフィー講義』（泰文堂書店）を例に取って説明しよう。本書中、英文に訳注を施しているのは、当時国民英学会の講師を務めていた内藤明延、校閲をしているのは東京外国語学校教授の村井知至である。本書の教材となっているのは、エミール・スーヴェストル（Emile Souvestre 一八〇六〜五四）というフランス人の書いた随筆の英訳（*An Attic Philosopher in Paris*）なのだが、表紙にも奥付にも原題はおろか原作者の名前すら記されていない。著作権などほとんど気にもしていない当時の出版事情が窺えて面白い。英語の読解教材としていかにすぐれているかだけが問題なのだ。本書の第一章の一節を見てみよう。

13. Paulette is thin, pale, and miserably clad; but she has still the same open and straightforward look—the same mouth, smiling at every word, (1)as if to court your sympathy—the same voice, somewhat timid, yet (2)expressing fondness. Paulette is not pretty—she is even thought plain; but I think her (3)charming.

Perhaps that (4)is not on her account, but (5)on my own. Paulette appears to me as (6)a part of one of my happiest recollections.

［訳］

ポーレットは痩せて色青く服装（みなり）は見窄（みすぼ）らしい、然し猶ほ前と変らず打解けて率直な様子振、いつもながら物言ふ毎に微笑（にこ）りとする口許は他人の同情を求むるやうにもあり——やゝ臆し気な然かも懐（なつか）しみあるいつもながらの声。ポーレットは美しくはない——それどころか、不器量とさへ思われる、然し人を魅する愛嬌がある。

大方、其は娘がさうなのではなく、予自身の心持ちゆゑであらう。ポーレットは予に一番楽しい思ひ出の一つとなつて映ずる。

［註］

1. as if to court = as if she *intended* to court.

此の他 "as if" の次にはフレーズ（phrase）、クローズ（clause）等組立の上に、又動詞のテンス（時）の上に、注意を払ふべき場合あり。

1.「祈祷でもして居るやうに彼の口は動いて居た」。

His lips moved as if *in prayer*.

2.「生きて居る人にでも口をきくやうに彼は大きな声で言った」。

He said aloud as if *speaking* to a living man.

3.「その娘を我が子のやうに愛した」。

He loved her as if she *had been* his own daughter.

作文には "as if" の方［ママ］"as though" に比して軽くてよければ、通常は、"as if" の方を用ゐよと言える修辞学者ありしやう覚ゆ。

2. expressing fondness,「懐しみを表わすところの」「懐かしみある」。

3. charming,「魅力ある」又は「愛嬌ある」だけにても足らん。 **4. is not on her account**,「彼女の為めではない」。 **5. on my own**,=on my own account. **6. a part of**, 一部分となつてしまひ離る可らざるものとなり居る意。グラッドストーンの言に次の如きあり、試みに訳すべし。

Try and reconcile your mind thoroughly to the idea that this world, if we would be well and do well in it, is a world of work and not of idleness. This idea will, when heartily embraced, become like a part of yourself, and you will feel that you would on no account have it torn from you.

英文の冒頭にある13という数字は、原文を細かく区切って説明するための便宜上の番号を示したものである。as if について多少統語論的な説明が見られるものの、全体として単語・熟語の解説が中心になっていることがわかるであろう。そして、あくまで語法的な解説に終始しているところも注目に値する。原作者の名前すら出さずに読解教科書を編んでいることからも明らかなとおり、文学作品を素材としているとはいえ、作者の経歴や作品の文学的価値にはほとんど関心が払われていない。文学テクストを教材としながら語法に徹した解説がなされているのが、専門的英文学研究と英語教育・学習の分極化が進んだこの時代の大衆向け英語教材の一つの特徴でもある。

研究社「英文学叢書」

専門的な英語・英文学研究と大衆の英語学習の分極化が進むなか、その両者をつなぎとめる求心力となるような英語・英文学研究・学習のための画期的な読み物のシリーズが誕生した。大正一〇（一九二一）年に創刊された研究社「英文学叢書」であり、英米文学の名作の原文とそれについての日本語の注釈を合わせて一巻となし、第一巻のシェイクスピアの『リア王』（市河三喜

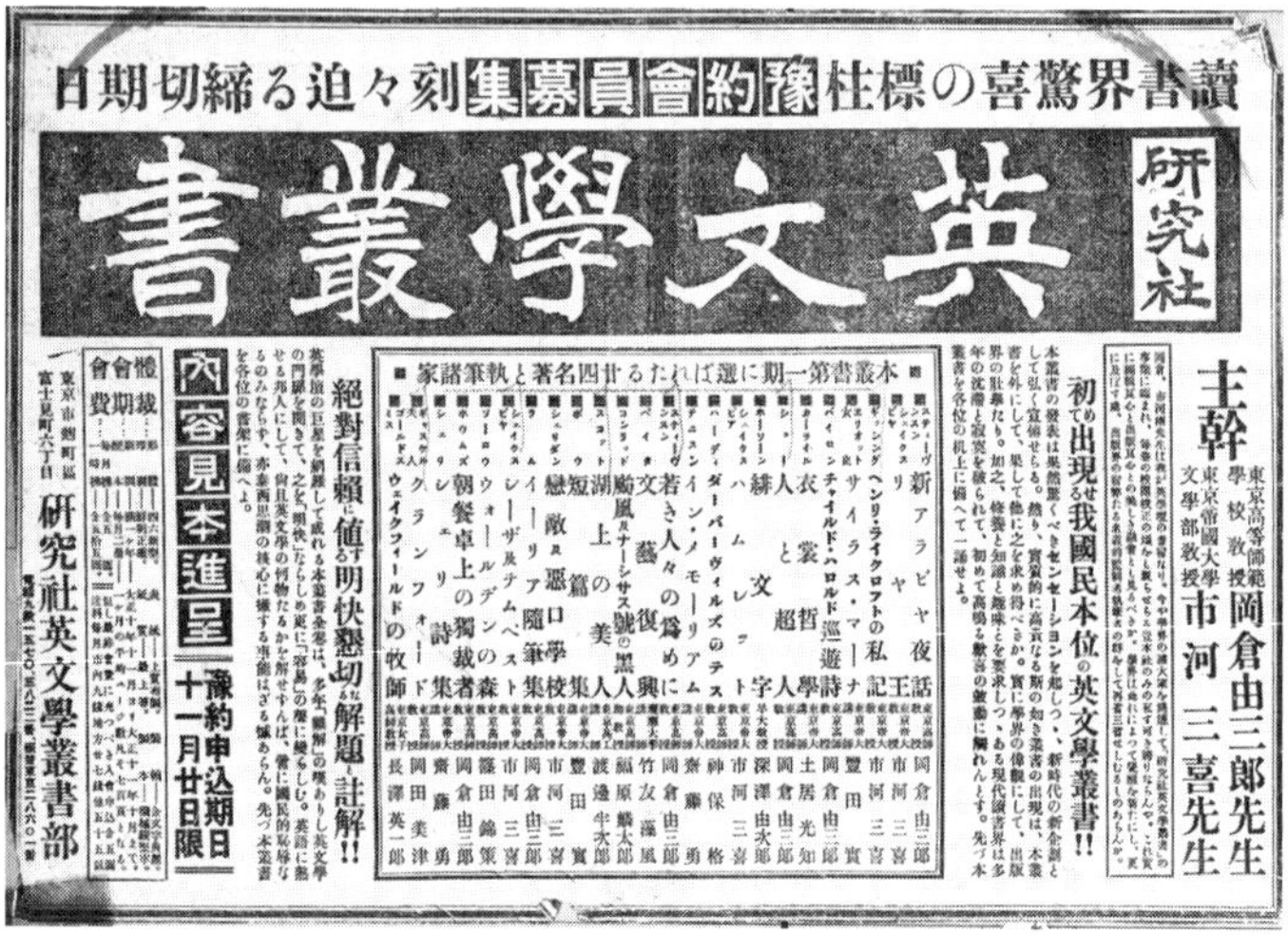
讀書界驚喜の標柱豫約會員募集刻々迫る締切期日
研究社
英文學叢書
主幹
東京高等師範學校教授 岡倉由三郎先生
東京帝國大學文學部教授 市河三喜先生
初めて出現せる我國民本位の英文學叢書!!
本叢書第一期に選ばれたる廿四名著と執筆諸家
新アラビヤ夜話 岡倉由三郎
リヤ王 市河三喜
ヘンリ・ライクロフトの私記 市河三喜
サイラス・マーナ 豊田實
チャイルド・ハロルド巡遊詩 岡倉由三郎
衣裳哲學 土居光知
人と超人 岡倉由三郎
緋文字 深澤由次郎
ハムレット 市河三喜
ダーバーヴィルズのテス 神保格
イン・メモーリアム 齋藤勇
若き人々の爲めに 岡倉由三郎
文藝復興 竹友藻風
颱風及ナーシサス號の黑人
湖上の美人
短篇集 豊田實
戀敵及惡口學校 市河三喜
イーリア隨筆集 岡倉由三郎
ウォールデンの森 篠田錦策
朝餐卓上の獨裁者 岡倉由三郎
シェリ詩集 齋藤勇
クランフォード 岡田美津
ウェイクフィールドの牧師 長澤英一郎
絕對信賴に値する明快懇切な解題と註解!!
內容見本進呈
豫約申込期日 十一月廿日限
研究社英文學叢書部
「英文学叢書」の広告

注解）から昭和七年（一九三二）年に刊行されたトマス・ハーディの『覇王たち』（澤村寅次郎注解）まで、十年あまりをかけて全百巻を刊行した。編集主幹を務めたのは岡倉由三郎と市河三喜であり、注釈者としても、その二人に加え、豊田実、土居光知、齋藤勇、神保格、長澤英一郎、渡邊半次郎、福原麟太郎、竹友藻風、篠田錦策、岡田美津、石田憲次、岩崎民平、石川林四郎ほか錚々たる英米文学者が顔を揃えている。

各巻の基本的な仕立てを見てみよう。シリーズ共通の赤表紙を開くと、まず最初に注釈者の手になる'INTRODUCTION'があり、そこでそれぞれの作品およびその作者についての解説がなされる。この部分は、日本人英語学習者にとって英米文学入門の手引きとしての機能を果たしている。次に作品の原文がある。この部分が、日本人にとって幕末以来もっとも重要な英語学習教材であった原書に相当する。そして、原文に関する注釈が'NOTES'としてそのうしろにまとめられている。

従来の英語雑誌の英文読解記事や先述の英文読解教材においては、多くの場合原文が細かく区切られ、それぞれの部分ごとに訳と語法的な注釈が施されていたのだが、「英文学叢書」の場合、訳は、'NOTES'のなかに時おり現われる部分的な訳注と、いくつかの巻の'NOTES'のなかに見られる章の要約文にその名残りを留めるくらいで、基本的には廃されている。おそらくは原文が大部であるために、そのすべてに訳を施すのが困難であったためでもあろうし、この時代、すでに英米文学の名作の翻訳が進み、叢書のなかで紹介される作品の多くに既訳が存在するという事情もあったに違いない。

'NOTES' の仕立てとして注目すべき点は、ウェブスター式に代わって登場した国際音標文字の説明がまずはじめにあり、それが注釈中の発音の説明に一貫して用いられていることである。また、それまでの読解教材と違って、注釈のなかに語法解説のみならず、文化・文学的な説明までが盛り込まれているのも、この叢書の特徴と言っていいだろう。岩崎民平の手になるRudyard Kipling, *Kim*（原作の刊行は一九〇一年、叢書の中の三十巻目として一九二三年に刊行）の注釈の一部を見てみよう（次頁参照）。

この一頁分の注釈を見ただけでも、本文の読解、さらには発展的な学習に必要なさまざまな情報が盛り込まれていることがわかるであろう。解説や注釈においてこのような目配りをすることで、「英文学叢書」は、英語学習と英語・英文学研究をつなぐ画期的な出版物となったのである。英語・英文学学習・研究教材としてのこのバランスのよさは、編集主幹である岡倉由三郎の英語教育論と市河三喜の英語学とが結びついた結果と見ることもできようし、注釈者の多くが先に紹介した英語教科書の執筆者であることから考えて、当時の英米文学研究者がすぐれた英語教師で

「英文学叢書」*Kim* の注釈より

P. 3. 3. **confusedly** [kən´fju:zidli]「ごつつちやに」

6. **dropping into English**「いつの間には英語で」'drop' = fall naturally (*into* a habit). Cf. 'drop asleep.'

16. **the Hills** 印度北部の高地で夏季は避暑地となる。代表的なのがSimlaで夏には政府が此処に移る。Kiplingが初めて名を成したPlain Tales from the Hills（1888）にはSimlaの話が多い。

18. **years of indiscretion**「腕白盛りの時代」years of discretion（分別盛り）をもぢつた言ひ方。Cf. 'age of discretion'（英法では十四歳、之に達せぬ内の犯罪は無罪）

20-1. **did nothing with an immense success** = was very successfully idle「何をしても（こう云ふ先生方の御気に入る様に）うまくはやらず（怠けてゐる）」

23. **hand in glove with** (*or* hand and glove with) = intimate with「…と意気投合して」

24. **Haroun al Raschid** (*or* Harun al-Rashid) (763 *or* 766 - 809), i.e. Harun the Orthodox. 正史上の人物でCharlemagneと各東西の帝王として使節を交換した敬虔の評判の高かつたアラビヤの王であるが、茲では変装してBagdadの町を歩いたりした*Arabian Nights*中の多くの物語の主人公として引合ひに出した。

26-7. **could not see the beauty of it**「その面白いことがわからなかつた」

31. **that much**「それだけは」「そこまでは」

もあったためでもあろう。

大きな目で見れば、英語・英文学研究と英語教育・学習の分極化が進行していたとはいえ、この時代はまだ英語・英文学研究は英語学習の延長線上にあるものと認識されていたのであり、その認識をみごとに具現したのが「英文学叢書」だったのである。のちにこの叢書は、「小英文学叢書」という読解教材のシリーズを生み、昭和中期まで教育現場で広く用いられる注釈本、副読本の原型となった。

英語廃止論

英語教育改革が進み、さまざまな英語教材が作られていく一方、日本人の英語力はさっぱり向上の兆しをみせない。となると、国家・国民意識が高まり、さらにはアメリカでの排日運動が激しくなるなか、すでに実用的な機能を失っていた英語を教育から外そうという意見が出てくるのも自然の成り行きであった。まずは、大正期の代表的な英語廃止論を一部引用しておく。

さて今日我が国の中学校に於ては、英語を必修科として之に多大の時間を費やしてゐるが、斯く外国の国語をば、国民一般の普通教育を其目的として居る中学校に於て必修科となすといふことは、上に述べた独立したる国家教育の善良なる方針であらうか。自分が一の疑問を有するといふのは実に此点である。或る専門の学科の研究の為めに外国語の必修を要することは、無論当を得たことであるし、又肝要なことである。……然し中学校は飽く迄普通教育を主眼とする、即ち一般国民的知識を修養する所である。斯くの如き使命を有する中学校に於て一定の外国語を必修科とすることは、大いなる誤りでは無いか。

（大岡育造「教育の独立」、『教育時論』第一一三三号、大正五年一〇月）

日本語を以て世界を征服しようと云ふ風なことが今日の国際的精神の上から見て勿論許されるべきことではないと同じやうに、英語でもつて日本を征服しようとする今日の状態は亦明かに国際的精神に反する。日本国民に対する差別的待遇に対して起つた国民並に外務当局は日本語に対する差別的待遇に対しても亦速かに適当な処置を講ず可きである。

（福永恭助「米国語を追払へ」、『東京朝日新聞』、大正一三年六月一八日）

今の中等学校の英語教育ほど無用のものはない。一週間十時間位教へて、五年たつたところで、何になるものでない。殊に今の英語教育は読むことのみに重きを置いて、その他はほんの付けたりに教ふるだけだから、中学校を卒業しても、話も出来なければ手紙も書けない。……世の中にこれほど馬鹿々々しい事があるものでない。

（杉村楚人冠「英語追放論」、『東京朝日新聞』、大正一三年六月二一日）

中学に於ける英語教育は時間と脳力の殆ど浪費といふことが出来れば、英語の時間は他の欠陥に振り向けて中学教育をもつと有効にすることは必要な急務であらう。

（渋川玄耳「何を恐るゝか日本」、『中央公論』大正一三年七月）

廃止論が大正一三（一九二四）年に集中的に発表されているのは、同年にアメリカで排日移民法が成立したためである。

英語廃止論のなかでもっとも反響を呼んだものは、東京帝国大学教授・国文学者・藤村作《つくる》（一八七五〜一九五三）の「英語科廃止の急務」と題された論文である。昭和になってから発表されたものだが、この流れで見ておくことにしよう。

藤村作

藤村はまず「模倣の時代は過ぎた」との見出しの下で、明治初期における欧米の文化輸入の方針を正当に評価しつつも、時代の変化と教育改革の必要性を強調し、それにつづいて、「過重なる外国語の負担」、「普通教育は道楽ではない」、「中学校は外国語を廃止すべし」、「予備教育としての中学校」、「専門学校の外国語廃止」、「人物考査方針の改善」、「大翻訳局の設置」の各節において、そのための具体的方策を論じている。そして、「国民的自覚を促すべし」との最終節を次のように締めくくっている。

国民生活を創造的にするには、そこに国民の真の自覚がなければならぬ。自尊が強くならねばならぬ。白人に対して、自分は劣等の民族である、自国の文化は低級であるとする考へが心裡に動いてゐては、此の創造的な国民生活の発展は知らず識らず妨げられる。敢へて徳川時代の国学者の唱へた鎖国的な陋見を以て、此の世界的日本を律しようとする考へは毫頭も持たないが、国民生活の中心となるべき大精神は国民特有の精神であらねばならぬことは確信して疑はない。縦に三千年を貫く所の伝統精神に、横に世界を貫く現代精神を調和し統一した新しい国民の精神の上に、昭和国民のあらゆる活動がなされる所に、始めて現代国民生活は創造的となり得ると思ふのである。それが為には明治以来の因襲の破るべきは破つて、こゝに新にすべきものを新にすることが急務である。そして外国語科の処分はそれが為に急務中の急務と考へられるのである。

単に要らざる外国語学習の為に多大の苦労と時間とを生徒に課してゐる為といふばかりでなく、此の国民的自覚自尊を促す障害であるといふ点でも、一日も早く無用なる外国語科の重い負担から青年を解放するを必要とする。(『現代』、昭和二年五月)

論としては説得力があり、むしろいまの時代にこそ（外国語を廃止せよという部分だけ除いて）こういうことを言ってくれる人がいないかと思うが、いずれにせよ、このように英語廃止論が勢いを増し、日本が軍国主義の時代に突入していくなか、英語・英文学教育・研究は、日本の英語受容史上、最大の危機を迎えることになる。英語・英文学教師・研究者たちが、英語廃止論とどのように戦い、いかにして自分たちの営みを守ろうとしたかについては、次の「昭和編」で見ることにする。

第三章

昭和時代前期の英語

——戦前・戦中

英語廃止論に対する反論

明治中期以降の国力の充実にともない、一方で英語の実学的価値が弱まり、他方でナショナリズムが台頭した。そのようななかで、実利的効果が得られない英語教育などいっそ止めてしまえ、という声があちらこちらから沸き上がるのは当然の成り行きであったと言える。このような状況下で英語教育を擁護するとしたら、どのような論法になるだろうか。

本節において、今度は英語教育擁護論のなかから、前章末同様、いくつかの代表的な文章を引用し、その共通項を拾ってみたい。まずは、当時早稲田大学の教授を務めていた帆足理一郎の論文の一部を掲げておく。

> 人間味の多い道徳的教育は何によつてなさせるか。それは必ずしも倫理学や修身教科書ではない。人間的教養に資する最も豊富なる教材は、広い意味の文学書を措いて他に求めることはできない。……殊に道徳的理想の色彩濃厚に、宗教的情操の匂ひ朗かなる英文学に親しませしめることは、如何に甚大なる教育価値であるか、容易に計り知り難いほどである。

論者或は云ふであらう、外国文学の鑑賞は翻訳にても充分だ、充分でないにしても、原語で外国文学を味ふまでには普通教育では駄目であると。……けれど見よ吾々自身の経験にある如く、中学時代における英語読本からえた詩的情緒や、道徳的理想や、宗教的憧憬の如何に多いことよ。中学の教材となる外語は、その本国における小学読本の類であつても、それが如何に人間的普遍性を以て、吾等に教へる処、多いことよ。それは単に語学の研究ではなく、寧ろ人間性の研究材料である。吾等は中学を出て、間もなく英語を忘れて了ふかも知れない。けれど吾等が苦心して噛み砕いたその思想的内容は吾等が永遠の所得である。(「廃止には反対である」、『現代』、昭和二年七月)

次に岡倉由三郎による英語教育擁護論。じつは岡倉には、「藤村君。あの晩は失礼致しました。「現代」の五月号に、君の英語科廃止の御論が出て間のなかつた頃だつたので、皆が面白半分に僕を君にけしかけようとしたので……僕もつい年がひもなく君の御論に悪罵を加へたりなんかして、本統に失礼しました、その大人げなさには僕も自ら笑はれてなりません」で始まる、藤村に直接語りかける体の反論(「藤村作氏の反省を促す」、『現代』、昭和二年八月)もあるのだが、ここでは、その反論内容を敷衍しつつさらにわかりやすく論じた岡倉の代表的著書『英語教育の目的と価値』（研究社、昭和一一年）の一節を引いておこう。

……外国語――我々の場合でいへば英語を学ぶといふことは、以上のやうにその文化を知ることである。幾度も言つた如く、外国文化を消化融合してはじめて一国の文化は進展する。そしてその文化の伝達の最も普通、最も普遍的な役目を背負つてゐるものが、言葉なのであるから、外国語は外国文化入門なのである。……

これを学校で行ふ。学校は生徒と教師とで成立してゐるところなのであるから、教師はよく教育の目的――自国文化の精神を認識せしめて正しい進展をはかることを良く心得、その方針に依つて、外国文化を賢明に選択し、これに入門的解説を与へ、之に正しい批判を示すべきである。それによつて国家は益々発達してゆくであらう。英語教育の目的はそれである。英語教育の価値もそこにある。

大正時代の英語学において指導的立場を演じ、岡倉とともに『英文学叢書』の編集主幹を務めた市河三喜の語気はさらに強い。

吾々英語教師は英語を通して我が国の文化を進め、同胞に世界の市民として恥かしからぬ資格を与へんが為に、あらゆる不利な状況と戦ひつ、努力してゐるのである。然るに何事ぞ、外国語廃止といふが如き暴論を責任ある識者の口から聞かんとは。誠に心外の至りである。斯くの如き論は、多く偏狭なる国粋主義より出発し、同じく偏狭なる思想を伝搬することに於て却つて国家の為に憂ふべきである。次代に処すべき教育を念とする教育家諸君はこれらの謬論に迷はさるゝことなく、広く時代の趨勢に留意し深く批判研究して然る後英語科廃止すべきや否やの問題に関しその意見を決せらるべきである。

（「英語科問題に就て」、『英語青年』昭和三年一〇月）

また、同時代の英文学研究の泰斗・斎藤勇も、岡倉と市河に近い立場を表明している。

外国を排斥し、外来思想及び文明を蔑視せることは、ギリシヤ、ユダヤの滅亡の一因となつたであろう。それに反して、甚だ自尊心に富む英国人は古来よく外来思潮の粋を受け容れて、Elizabeth 朝、Victoria 朝等の富強を致した。私は、この点を考へ直すことを、実行方法を誤れる憂国者に求め、且つ日夕外国語に親む者が母国の文化に意を留めると同時に外来思想に対して厳正な批判を下すべき心掛が必要だと思ふ。
（「中学に於ける英語」、『英語青年』昭和三年一〇月）

このほか、『英語青年』には、「中学校英語科問題」に関する英語・英文学教師たちによる膨大な論考が掲載されているが、英語教育擁護論の多くは、このように英語の教養的価値、あるいは文化輸入の媒体としての価値を強調している。

この時代の英語存廃論は、現代の英語教育論にとっても大いに参考になるので、もう一度論点を整理しておこう。英米の文物の輸入という緊急の目的が達成されたのち、明治初期の極端な英語偏重主義が修正されていくなか、英語学習のための強力な動機を失った日本人の英語力は低下し、ある時期から低迷を続けている。

前章に掲げた杉村楚人冠の英語廃止論中に見える「［旧制中学校において］一週間十時間位教へて、五年たつたところで、何になるものでない。……中学校を卒業しても、話も出来なければ手紙も書けない」との評言は、きわめて示唆に富む。先に見たとおり、音声中心主義の英語教育が進行するなかでもそのありさまであった。そして、いまのいまに至るまで、さまざまな英語教育改革、教授法研究がなされてきたにもかかわらず、日本人の英語力はさっぱり向上の兆しをみせない。つまり、英語学習に対する強力な目的意識を持たない日本人が、(逆に日本語がおかしくなるまで英語漬けになるのでないかぎり)そのまま実用に供するような英語力を普通教育のなかで身につけることは無理だということである。週十時間の授業を受けても実用的な英語力が身につかないとすれば、日英の言語間の距離を考えた場合、現在の中等教育における英語の授業程度では、どのような教授法を生み出そうが、どのような教育改革を行なおうが、生徒に実用的な英語力を身につけさせるのはそもそもが無理難題なのだ。これは厳然たる事実であって、英語教育に関わるものはけっしてそこから目を背けてはならない。

さて、この事実をどう捉えるかで時代が見える。いくら英語教育を施したところで実用的な英語力は身につかないのだから止めてしまえ、というのが大正時代の英語廃止論の論法であった。さらにここにナショナリズムが加わる。英語学習は、そもそも明治初期の西洋崇拝に端を発している属国主義の象徴だから、二重の意味で廃止すべきものだ、となる。

これに対する主要な反論が、現代ではまず受け入れられることのない教養主義であったところが面白い。英語を学び、それによって英文学作品に触れることで教養が高まり、高邁な精神のありようを学ぶことができる。さらに、英語・英文学を通じて西洋のすぐれた文化を輸入することが国力の充実につながる、という論法である。

これが現代ならばどうなるか。まず、実用的な英語力が普通教育によっては身につかないという事実に英語教育関係者は目をつぶるであろう。もしそれが身についていないとすれば、従来の文法・読解中心の英語教育が悪いせいである、実用コミュニケーション重視の「科学的」な教授法を用いれば、かならず日本人の英語力は向上するはずだ、との盲信がいまだに根強い。

英語を学ぶことが属国主義であるとの認識は、今ではごく一部の反英語帝国主義論者を除いてまず口にする者はない。多くの人は、「世界英語」（World Englishes）なる理念の裏にある歴史や思惑を知らず、英語を話すことと国際化を同一視している。世界の文物と触れるために英語が必要だと認識しているところは昭和初期の英語・英文学者と同じだが、英文学には何の価値も認めていない。むしろ、それを長く日本人の英語学習を妨げてきたものであると認識しているかもしれない。

つまり、教育によって日本人が一様に英語が使えるようになるはずだとの間違った認識に、外国文化理解の媒体としての英語の価値に対する評価が加わり、そこから英文学の教養的価値に対する評価を差し引いた（あるいは、そこに英文学は英語学習の役に立たないとの間違った認識を加えた）ものが、いわば現代の英語教育推進論だとも言えるのである。

昭和初期の英語教科書から何が見えるか

それでは、いくらやってもさっぱり英語力が身につかないから英語教育など止めてしまえと英語廃止論者たちが叫んでいた時代、役に立たないとされた中学校の英語教育ではどのくらいの内容のことが教えられていたのだろうか。日本全国で行なわれていた中学校英語教育の全体像を明らかにすることは難しいが、わずかな資料からでも見えてくることがある。ここでは、戦前の教室で使用された英語教科書から何が見えるかを論じてみたい。

私が入手した教科書の一つに、*The World's Herald Readers, Book Three*（泰文堂、昭和一〇年初

The World's Herald Readers, Book Three

Oliver Twist

One day a woman in a wretched condition came to the workhouse of an English country town. Evidently she was very ill and as she was penniless, she was taken in, and a few days later she gave birth to a boy. But she had only strength enough to kiss her baby once before she breathed her last. As no one knew anything about her, the child became a charge upon the parish. He was named Oliver Twist.

版）がある。昭和一〇年一二月二七日付けの文部省検定済印の下に「中学・実業学校外国語科用」とあるから、尋常小学校の初学年から数えて第九学年、いまの中学三年生、十四、五歳の生徒を対象としたものである（江利川、二〇〇六年、五頁参照）。

一読して、まず教材の語彙レベルの高さに驚かされる。巻末に付された単語の一覧表によれば新出単語は千百三十四語あり、この一学年分の教科書だけで、平成一〇年に改訂された中学校学習指導要領が定める中学校の新出単語九〇〇を軽く上回っている。当然ながら、それだけの語彙数で書かれた英文の読解教材としての難度も高い。たとえば、第二十一課の冒頭を見てみよう。この課の教材は、チャールズ・ディケンズの『オリヴァー・トゥイスト』の一節をやさしく書き直した英文だが、それでもなかなか読み応えがある（上の引用参照）。

さらに読み進めていくと，'Had it not been for a kind toll-house keeper, who gave the poor boy a good meal of bread and cheese; and a good old lady, who took pity on the poor orphan, Oliver would have died on the roadside.'（「この哀れな子供にパンとチーズのおいしい食事を与えた親切な通行料徴収人がいなかったら，そしてこの哀れな孤児に情けをかけてくれた優しい老女がいなかったら，オリヴァーは行き倒れとなり，路傍の屍となっていたであろう」の意）という文が現われ，課末の文法解説では，この if を用いない仮定法過去完了が文法の学習項目として扱われている。

また，発音解説も高度であり，第二十七課の課末には，強勢規則解説の一環として，二音節から成る単語が名詞と動詞の両方の役目を果たす場合，名詞として用いられる場合には第一音節に，動詞として用いられる場合には第二音節に強勢が置かれるという法則までが，国際音標文字によってきっちりと解説されている。

だが，何より驚くのは，生徒の手になる書き込みの内容である。たとえば，物語文を題材とした第十七課の最初の頁には，鉛筆書きで「fable 寓話　story 物語　romance 架空物語」と書かれている。続く第十八課には，'And then he swayed, and would have fallen, if Barnes had not caught him in time.'（「それから彼はよろめき，バーンズがとっさに彼をつかまなければ，落ちていたであろう」の意）という文が出てくるが、頁の余白に ‘Subjunctive Past Parfect［*sic*］’という書き込みがある。perfect のつづりを間違えるあたりは生徒らしいご愛嬌だとして、これは、教師がこのレベルの文法項目を英語の用語を用いて解説していたことを意味する。おそらくは、この第十八課で仮定法過去完了の導入をし、『オリヴァー・トゥイスト』を教材とする第二十一課でその文法を確認したのであろう。中等学校での英語教育が効果を上げていない、学生の英語力が低下しているといっても、戦前の英語教育が、少なくとも教材の内容と教師の能力においてこれだけの質を保っていたことは、あらためて確認しておく必要がある。

昭和初期の受験参考書から何が見えるか

第一章で見たとおり、すでに明治後期にいわゆる「受験英語」の原形らしきものが誕生していたが、昭和初期の「受験英語」はどのようなものだったろうか。私の手元に、その名もずばり『受験英語ハンドブック』（長井氏晸《うじあき》著、研究社、一九三八年）と題する、「主として高等学校及び各種専門校の入学試験の英語研究を目的として」（ということは、十五、六歳の受験生を対象として）出版された本がある。これを元に、主に試験対策を目的とした当時の英語学習事情を探ってみたい。

『受験英語ハンドブック』と銘打っていながら、この本はけっして安直な受験技術を解説したものではない。それどころか、千頁以上に及ぶ同書の内容をすべて修得したら、相当バランスのとれた高度な英語力が身につくものと思われる。

本書を開いてまず注目に値するのが、「序説」中の「受験英語とは何ぞや」の節で展開されている「受験英語」論である。

……一体受験英語と云ふやうなものが有るだらうか。よく実用英語だの、教場英語だの、商業英語だのと云ふことを耳にするが、是等は普通の英語以外に別にそんな特種の英語が存在するのでなく、英語を使用する場面に応じて仮りにそんな名を付けた迄である。受験英語だつて同じ事、普通の英語、イギリスの英語、アメリカの英語以外に別な試験向の英語なるものがあるわけではない。それにも拘らず受験英語とは何ぞや。吾人を以て見るに試験の問題として課せられる英語は、問題作製上の技術的便宜から多少一種のタイプとも見るべきものが選ばれて居るかに認められる。尤も之は初めから試験官の方で意識して故意に然うしたわけではあるまいが、自然に冥々《めいめい》の間に然うした傾向のあるのは第三者たる吾々の断じて否定し得ない現象なのである。つまり英語それ自体に特殊性があるのでない、出題の傾向に或る特殊性があるのである。

教育現場で「受験英語」ばかり教えるからいつまで経っても日本人は英語が使えるようにならないという、昭和中期以降頻繁に耳にするようになった英語教育批判よりもはるかにまっとうな議論ではないか。英語教育の裾野が広がり、英語教育が専門的学問研究の対象となった昭和中期以降、日本の英語教育をめぐる議論は、むしろ全体的に精度が落ちていると思わざるを得ない。

すでに見たとおり、明治後期の英語の出題形式は英文和訳と和文英訳が中心であったが、昭和初期にはどのような問題が出題されていたのだろうか。『受験英語ハンドブック』は、試験の科目を（一）英文解釈、（二）和文英訳、（三）英文法、（四）書取、（五）聞取、（六）句読点、（七）大文字用法、（八）単語の組み立、（九）発音とアクセント、（十）読み方、の十種類に分類している。（六）の句読点と（七）の大文字用法が独立の試験項目になるほど重要なものかどうかについては議論の余地があろうが、明治後期に比べればだいぶ試験法が充実してきたとの印象を受ける。このすべての項目について試験勉強をすれば、それだけでバランスの取れた英語力が身につきそうだ。この中でとくに注目してほしいのは、（四）の書取と（五）の聞取の項目である。とくに「書取」は、第一高等学校（東京大学教養学部の前身）をはじめいくつかの学校では毎年欠かさず出題されていたという。テープ・レコーダーもない時代、どうやって音声情報を受験生に伝えたのかと首を傾げたくなるが、『受験英語ハンドブック』は、一般的な「書取」の試験の手順を次のように説明している。

書取の試験は大方試験官が最初一回全文を読んで聞かせることになつて居る。この時、一同は耳をすませて、黙つてよく聞いて居る。そして全文の大意は何であるかを掴むのである。この第一回の朗読が済むと、今度は愈々《いよいよ》書き取る為の第二回の朗読が始められる。この時は句切り句切りに多少の Pause（停止）が置かれるのが常である。

The Chinese language is doubtless the oldest living tongue, having been spoken at least 5,000 years ago on the banks of the Yellow River, and has survived with comparatively little change to the present day. In course of time it has split up into a number of dialects, some of which differ from one another as much as French, Italian, and Spanish.

そして之が済むと、今度は第三回の朗読がある。之は云はゞ仕上げの為めの朗読でこの時に訂正し、書き落としを補ふべきは補ひ、大文字、句読点などの再吟味すべきは吟味するのである。

聴き取り（ディクテーション）や聴解（リスニング）の試験というと、最近になってようやくその重要性が認識されてきたかのように思えるが、やり方こそ違え、すでに同種の試験は昭和初期には行なわれていたのである。内容的にもなかなか高度であることを知ってもらうために、『受験英語ハンドブック』に収められた第一高等学校の書き取り試験問題を上に掲げておく。いまの十五、六歳の高校生がどれくらい書き取れるかを想像しながら読んでいただきたい。

大学入試センター試験へのリスニング・テストの導入（平成一八年）をめぐる議論を見てもわかるとおり、「受験英語」が音声面を軽視してきたことが日本人の英語下手の一因であると長らく考えられてきたが、どうやらこれも俗信であったらしい。

パーマーのその後とホーンビー

昭和に入ると、パーマーは教材の作成において指導的な役割を演じながら、ひきつづき自らの英語教育理念に基づく教授法の実践指導を行なった。伊村（一九九七年、一七九頁）は、大正一五年を「パーマーの日本での活動がそろそろ軌道に乗り始めた」年としており、石橋幸太郎は、「昭和初期十年間のわが英語教育界、わけても教授法の問題に関しては、パーマーが中心的人物であったことは何びとといえども認めざるをえないであろう」と書いている（「一　英語教育（一）前期の英語教育」、『日本の英学一〇〇年──昭和編』）。

パーマーが最初に書いた本格的な英語教科書は、昭和二年刊の *The Standard English Readers* であった。だが、これは生徒にとって分量的にも語彙的にもきわめて難度の高いものであり、以後、彼は語彙制限に注意を払いながら、その改訂版たる *The Abridged Standard English Readers* や、

パーマー

The "English as Speech" Series や The "Simplified English" Series といった副読本など、日本人英語学習者向けの教材を次々と出版する（シリーズで扱われた具体的な英文学作品については、伊村、一九九七年、一八三～一八四頁を参照のこと）。

パーマーの功績を論じた文献にかならず登場するのが、彼の教育理念に基づいて編み出され、のちに「福島プラン」、「湘南メソッド」と呼ばれることになった教授法である。前者は、福島県立福島中学校（現福島高校）の教師・磯尾哲夫と清水貞助が実践した教授法であり、高速で行なわれる教師と生徒との英問英答を大きな特徴とする。後者は、神奈川県藤沢の湘南中学校で実践された少人数相手の口頭教授法である。この二つの教授法は、それぞれ英語教授研究所主催英語教授研究大会の第十回（昭和八年）記念大会と第十二回大会（昭和一〇年）における公開授業を通して全国的に有名になり、以後、福島中学校、湘南中学校の両校には授業参観者が相次いで訪れたという。

英語教育史関係の本を読むと、それぞれの教授法が公開授業で発表された直後の英語教師たちの熱狂ぶりがよくわかる。

福島中学の英語科がすぐれた成績をあげていることは、かねてから評判であったが、ひとたび公開授業によってその成果が実証されるや、同中学は英語教育のメッカの観を呈し参観人が引きもきらぬ状態が続いた。

（石橋幸太郎、前掲書）

研究所が毎年一回開催する大会では、公開授業（模範授業）が有名であった。中学では後に福島プランとして有名になった磯尾哲夫、湘南中学の松川昇太郎の授業など、全国的に一大センセーションをまきおこした。

（小川芳男「教授法の先覚者　I　イギリス関係」、『英語教育問題の変遷』）

福島は断然英語教育のメッカになった。……福島に代わって英語教育のメッカになったのが、一九三五（昭和一〇）年の第十二回大会で授業を見せた神奈川県藤沢の湘南中学校である。

（伊村、一九九七年、一七五頁）

パーマーの英語教育理念に基づく二つの教授法、あるいはそれぞれの中学における授業実践についての記録を読むかぎり、それを実践した人たちが優れた英語教師だったであろうことは容易に想像がつく。本人たちも生徒の手本となるような立派な英語の使い手であったろうし、生徒に対して「間違ってもいいから」、「文法的な間違いを気にしないで」などということは、それこそ間違っても口にしなかったに違いない。

だが、「英語教育のメッカになった」、「全国的に一大センセーションをまきおこした」というような記述を読むたびに、パーマーの教授法をめぐるその熱狂はどこに行ってしまったのかとの疑問が湧いてくる。そして、いまだに「オール・（イン・）イングリッシュ」や「タスク・ベイスト・アクティヴィティ」など昨今流行の教授法を用いた公開授業の様子、それを参観した英語教育関係者の熱狂ぶりを見聞するにつけ、日本の英語教育において徒に繰り返されてきた教授法礼拝の形態が昭和初期の英語教授研究大会あたりで生まれたと考えざるを得ないのである。

のちに日本の英語教育界にそれこそ「一大センセーション」を巻き起した、後述のC・C・フリーズのパタン・プラクティスという教授法に触れ、福原麟太郎は日本の英語教育界の悪癖を次のように論じている。

こういう場合、余計なことを言って、そのせっかくの仕事の妨げになるのでは本意なきことだが、少なくとも、二つの心配が新たに湧いてきた。その一つは、フリーズ教授法ブームが起こるのではないかということである。日本人の悲しさで、何か新しい方法が輸入されると、それが一番良いものになり、それを唱道していれば、進歩的教育家として納まっておれるという習俗がある。しかしフリーズ式教授法が必ずしも万能薬ではないことは想像し得る。語学に王道なしというのが古来の格言だ。それは一つの方法にすぎない。それをいかに巧みにわれわれの経験のなかに編み込むかということろが大切なのだが、何しろ明治以来、外来の新説ウノミということで進歩して来た国だから、旧来の習慣がいまだに抜けない。猫も杓子もフリーズ式ということになりそうだ。

そういうことは約半世紀前、英語発音標記法が到来した時にも、また、それから十年余り後に、パーマーというイギリス人が数年滞在して、直接口頭教授法というものを流行らせた時にも、起こった。そしてそれに関して、心配の第二が浮かんでくるのである。それは、パーマーが来た時も、日本の英語教育は三十年遅れていると言われて新教授法が宣伝された。今度フリーズ教授の来日に際しても、日本の英語教育は二十年またはそれ以上遅れていると評されている。一体日本の英語教師は何をしていたんだということになる。そう言われて、おじぎをしてしまうのでは、情けない。

（福原、一九九七年、一三六〜一三七頁）

のちに見るとおり、福原の心配は見事に的中し、フリーズ式教授法の一大ブームが巻き起こり、そして消え去った。このような教授法の栄枯盛衰を引き起こすのは、方法論上の欠陥ではない。特定の教授法だけを盲信する日本人の性癖が問題なのである。

本題に戻ろう。パーマーが活躍した昭和初期、日本の内外情勢が尋常でなかったことは、日本史をひもといてみれば容易にわかるであろう。昭和七年には満州国が作られ、五・一五事件が起こっている。翌八年、日本はリットン調査団報告書の採択を不服として国際連盟を脱退している。このようななかでパーマーが日本を離れる決意をしたのは、きわめて当然のことであったと言え

ホーンビー

る。彼が自分の後継者として選んだのは、A・S・ホーンビーというイギリス人であった。パーマーは、離日の準備を進めるべく、ホーンビーを東京に呼び寄せた。このあたりの事情は、伊村（一九九七年、一九三頁）が詳細に記している。

パーマーは……その頃［昭和九年］から日本を引き揚げることを考え始め、善後策として四月には大分高商にいたホーンビー（A.S. Hornby 一八九八〜一九七八）を東京に招んだ。彼はパーマーより二一歳年下で、一九二四（大正一三）年日本に来た当初からパーマーの主張に共鳴し、すでに数年前から彼の仕事を助けていた。ホーンビーの上京にあたっては、パーマーの要望で石川［林四郎］は東京高師に、千葉［勉］は東京外語に講師のポストを用意した。ホーンビーはパーマーの最後の二年間研究助手として重要な仕事を担当した。

伝記的な記述を読むかぎり、ホーンビーは朴訥な人物だったらしく、「オーラル・アプローチ」という理念を奉じながらも、パーマーのように積極的に授業実践を行なって教授法を伝授するようなことは得意でなかったらしい。授業においては、ひたすら 'Twenty-four Anomalous Finites'「二十四の不規則定動詞」を型どおりに練習させていたという（小川、前掲書）。しかしながら、*Idiomatic and Syntactic English Dictionary*（一九四二年）をはじめとするすぐれた辞書や文法書を多数出版し、日本の英語教育界に多大な貢献をした。

昭和一一（一九三六）年、パーマーは日本を去る。彼のために企画された送別会は、二・二六事件のために中止された。ホーンビーは、太平洋戦争が勃発するや、敵性外国人として世田谷の収容所に収容されたのち、帰国することになった。見送りにいった英語教育学者・小川芳男たちに向かい、彼は「戦勝国の国民の一人としてまた日本にやってきます」と言ったという（小川、同書)。いずれも、尋常ならぬ時代を思わせる逸話である。こののち日本は、英語教育界もろとも戦争という闇のなかに突入していくことになる。

ベーシック・イングリッシュ

日本の英語教育に対する二人のイギリス人の貢献を論じたついでに、戦前の一時期、日本の英語教育への導入が期待された、イギリス人言語学者C・K・オグデン(Charles Kay Ogden 一八八九〜一九五七)の考案(発表は一九二九年)になるBasic English(BasicはBritish, American, Scientific, International, Commercialの頭文字を取って造った頭字語《アクロニム》。Ogden, 1932参照)という言語体系を紹介しておこう。その体系と目的がどのようなものであるかについては、オグデン自身、次のように説明している。

オグデン

1. WHAT IS BASIC ENGLISH

Basic English is a careful and systematic selection of 850 English words which will cover those needs of everyday life for which a vocabulary of 20,000 words is frequently employed. These words are not the words most commonly used, as determined by word-counts; but all of them are common, and more than 600 of them are constantly used by any English or American child of six.

There are 200 names of picturable objects, and
400 other names of things; making
600 nouns in all.

There are 150 adjectives.

The remaining 100 words put these names and adjectives into operation, so that the whole system may work as normal English.

2. WHAT IS ITS PURPOSE

Basic English has two chief purposes:

1. To serve as an international auxiliary language; that is to say, a second language for use throughout the world in general communication, commerce, and science.

2. To provide a rational introduction to normal English; both as a first step, complete in itself, for those whose natural English language is not English, and as a grammatical introduction, encouraging clarity of thought and expression, for English-speaking peoples at any stage of proficiency.

(C.K. Ogden, *The System of Basic English*, 1934: 3-4)

［訳］

一．ベーシック・イングリッシュとは何か。

　基本英語とは、二万もの語彙を頻繁に使用して行なう日常のやりとりを厳選された八百五十の英単語で済ませる言語体系である。それらの単語は、数値的に導き出された頻出語ではないが、すべて一般的な単語ばかりであり、そのうちの六百以上は、英米の六歳児でも常用しているようなものである。

　そのうちの二百語は視覚的なものの名前であり、
　　　ほかに四百語のものの名前を加えて、
　　　全部で六百語の名詞がある。

　さらに百五十語の形容詞がある。

　残りの百語は、これらの名詞と形容詞を機能させ、全体系が普通の英語になるようにするための単語である。

二．ベーシック・イングリッシュの目的は何か。

　ベーシック・イングリッシュには、次の二つの主要な目的がある。

　その一。国際補助語として機能すること。すなわち、一般的な意思疎通、商業、科学において使用可能な第二言語となること。

　その二。標準英語への手引きとなる妥当な教材を提供すること。母語が英語でない人たちにとっては、それ自体で完結した最初の学習項目を、そして言語の習得段階の異なる英語話者にとっては、明晰な思考と表現の模範となるような文法形式を提供すること。

この体系を用いると、たとえば『聖書』の「マタイ伝」第二章冒頭のキリスト誕生の記述は、次のように書き換えられる（Ogden, ibid.: 277）。

Matthew, II.

1. Now when the birth of Jesus took place in Bethlehem of Judea, in the days of Herod the king, there came wise men from the East to Jerusalem,

2. Saying, Where is he who is King of the Jews by birth? We have seen his star in the East, and have come to give him worship

（『欽定英訳聖書』では、
'1. Now when Jesus was born in Bethlehem of Judea in the days of Herod the king, behold, there came wise men from the east to Jerusalem,
2. Saying, Where is he that is born King of the Jews? for we have seen his star in the east, and are come to worship him.'
となっている。）

また、次の英文Aは、フランクリン・ルーズベルトが一九三三年に行なった経済政策に関する演説の一部だが、同書によれば、これをベーシック・イングリッシュによってBのように書き換えることができるという。

ルーズベルトの演説

A. Confidence and courage are the essentials of success in carrying out our plan. You people must have faith; you must not be stampeded by rumors or guesses.

B. Such belief in the face of danger is what is most needed if we are to go through with what we have undertaken. It is necessary for you to have belief in us. Do not be put off your balance by false stories and chance ideas.

日常の英語のやり取りを八百五十の英単語で済ませると聞くと、きわめて斬新な言語体系に思えるけれども、この書き換え方を細かく見てみると、いくつか気になる点が見えてくる。たとえば、活用の複雑な動詞の使用を最小限に抑えるために、「マタイ伝」の書き換えにおいてJesus was born が the birth of Jesus took place という不自然な表現に変わるのはまだ許すとしても、worship him を言い換えた give him worship という句のなかの worship という名詞は、そもそも八百五十の単語リストには入っていないのだ。

また、同書によれば、国際的に広く用いられている単語は、八百五十の英単語以外にも用いることができるとあり、動詞の言い換えが厳密である割に名詞の制限はだいぶ緩やかである。もちろん、固有名詞には制限がない。八百五十語以外にも、基本英語において使用可能な、広く一般に認知された単語が数多く存在するとの自説を補強するために、オグデンは、英語からの借用語が日本語として定着していると論じるのだが、その根拠というのが、「荒川博士の借用語辞典に四千から五千の英単語が外来語の形で載っている」（'between 4,000 and 5,000 English words ... are listed in their Japanized forms in Dr. Arakawa's dictionary of adopted terms'）というものである。同書中には文献一覧が付されていないために、この荒川博士の辞書がいかなるものかはわからない。もしかしたら、荒川惣兵衛の『角川外来語辞典』のことかもしれないが、いずれにせよ、ベーシック・イングリッシュにはこのようないい加減な論拠に基づいた逃げ道がいろいろある。すべてのやり取りが八百五十の英単語でまかなえるわけではないのである。

また、ルーズベルトの演説のテクストAからBへの書き換えにおいては、英単語こそ平易にはなっているけれども、in the face of danger をはじめ、新たに高度な表現が用いられている。この書き換えは、機械的な変換というよりもむしろパラフレーズ、あるいは段階別読本（graded reader）作家による原作の書き直しに近い。書き換えるつもりではなくても、ベーシック・イングリッシュの使用者として想定されているレベルの非英語話者や初学者にBのような英文が操れるはずがない。

このように、細かく見ると矛盾だらけの言語体系ではあるが、これが発表されるや、たちまち日本の英語関係者の注目の的になった。たとえば、新渡戸稲造は、その国際補助語としての役割に期待していたらしく、次のように論じている。

全世界が文字どおり話しのできる距離となるのは、ほんの数年の問題である。ラジオが地球のあらゆる部分に達する見込みは十分ある。しかしラジオを十分活用するためには、共通言語がなければならぬ。……

さて、最近提案されているのが、〝基本英語〟である。これは基礎英語ということではなくて、普遍的英語である――ブリティッシュ、アメリカン、科学的、国際的、商業的、いずれでもある。

この仕方によると、八百五十語を自分のものにすれば、ふつうの本ならどれでも読めるのである。専門家も、自分自身の特殊研究分野の述語を加えることによって、その考えを説明できる。

〝基本英語〟は、われわれが放送を最大限に、最も広範に活用する助けとなるであろう。

（「基本英語とラジオ」［一九三二年一二月八日］、『編集余録』）


ベーシック・イングリッシュの第二の機能、すなわち学習言語としての機能にいち早く注目したのは、岡倉由三郎であった。彼が『英語青年』その他で基本英語を紹介すると、この言語体系の導入をめぐってさまざまな議論が戦わされた。岡倉由三郎、市河三喜らの導入賛成派に対し、パーマーや石川林四郎らは批判的な立場を取った（石橋幸太郎「一　英語教育（一）前期の英語教育」、『日本の英学一〇〇年――昭和編』）。

このベーシック・イングリッシュも、その発想自体には学ぶべきところが多いけれども、結局のところ、福原が批判するほかの「ブーム」と同様、いつの間にか忘れ去られてしまった。

敵性語から敵国語へ

英語教育存廃論が繰り返されるなか、日本は戦争へと突入していった。英語は「敵性語」、さらには「敵国語」となり、すべてのラジオ英語講座も中止となった。英語教育も細々と続けられたが、文部省の教科書編集方針は以下のようなものであった。

次ノヤウナ内容ハ絶対ニ排撃サレタシ
(イ) 親英気分ヲ醸ス文
(ロ) 西洋暦ノ乱用
(ハ) 英米ノ物質文明ヲ謳歌セル文
(ニ) 英米ヲ偉大ナリト思ハセル文
(ホ) 日本ヲ侮蔑セル如キ感ヲ与フル文
(ヘ) 英米ノ文物ニ最上級ノ修飾語ヲ付スルトキ不穏当ナル用語

（ト）不穏当ナル比喩又ハ例証、例ヘバ下記ノ如キモノ
Japan is the Britain of the East.
Osaka is the Manchester of Japan.

また、この時代には外国の都市名も漢字で表記するようになった。紐育（ニューヨーク）、華府（ワシントン）、桑港（サンフランシスコ）、倫敦（ロンドン）、伯林（ベルリン）、聖林（ハリウッド）。ただし、これは hollywood「（西洋）柊」を holy wood「聖なる林」と勘違いしたがための誤訳などはその代表的な例である。

もちろん、カタカナ英語も禁止され、ことごとく日本語に直された。たとえば、野球のストライク、セーフ、アウト、ファウルは、よし一本、よし、ひけ、だめ、となり、ゴルフ（これ自体が打球と呼ばれた）のパー、ホール・イン・ワン、キャディは、それぞれ基準数、鳳、球童となった。また、レコードは音盤、ピアノは鋼琴、プラットホームは乗降廊と呼ばれた（川澄編、一九七八年、第五章参照）。

戦時中の英語教科書（『英語１ 中学校用』中等学校教科書株式会社，1944）より

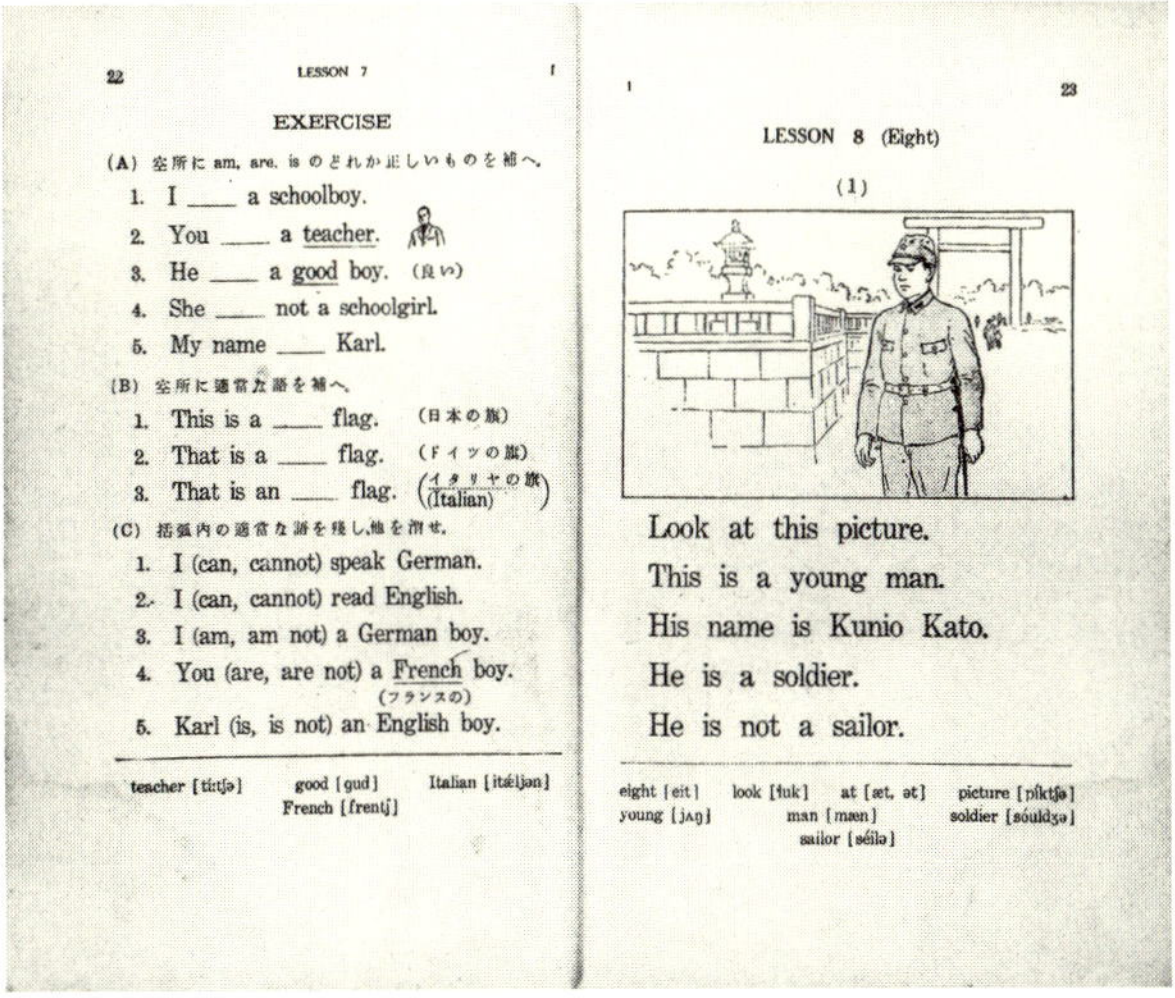

22 LESSON 7 I

EXERCISE

(A) 空所に am, are, is のどれか正しいものを補へ。

1. I ____ a schoolboy.
2. You ____ a teacher.
3. He ____ a good boy. (良い)
4. She ____ not a schoolgirl.
5. My name ____ Karl.

(B) 空所に適當な語を補へ。

1. This is a ____ flag. (日本の旗)
2. That is a ____ flag. (ドイツの旗)
3. That is an ____ flag. (イタリヤの旗 (Italian))

(C) 括弧内の適當な語を殘し,他を消せ。

1. I (can, cannot) speak German.
2. I (can, cannot) read English.
3. I (am, am not) a German boy.
4. You (are, are not) a French (フランスの) boy.
5. Karl (is, is not) an English boy.

teacher [tiːtʃə] good [gud] Italian [itæljən] French [frentʃ]

I 23

LESSON 8 (Eight)

(1)

Look at this picture.
This is a young man.
His name is Kunio Kato.
He is a soldier.
He is not a sailor.

eight [eit] look [luk] at [æt, ət] picture [píktʃə] young [jʌŋ] man [mæn] soldier [sóuldʒə] sailor [séilə]

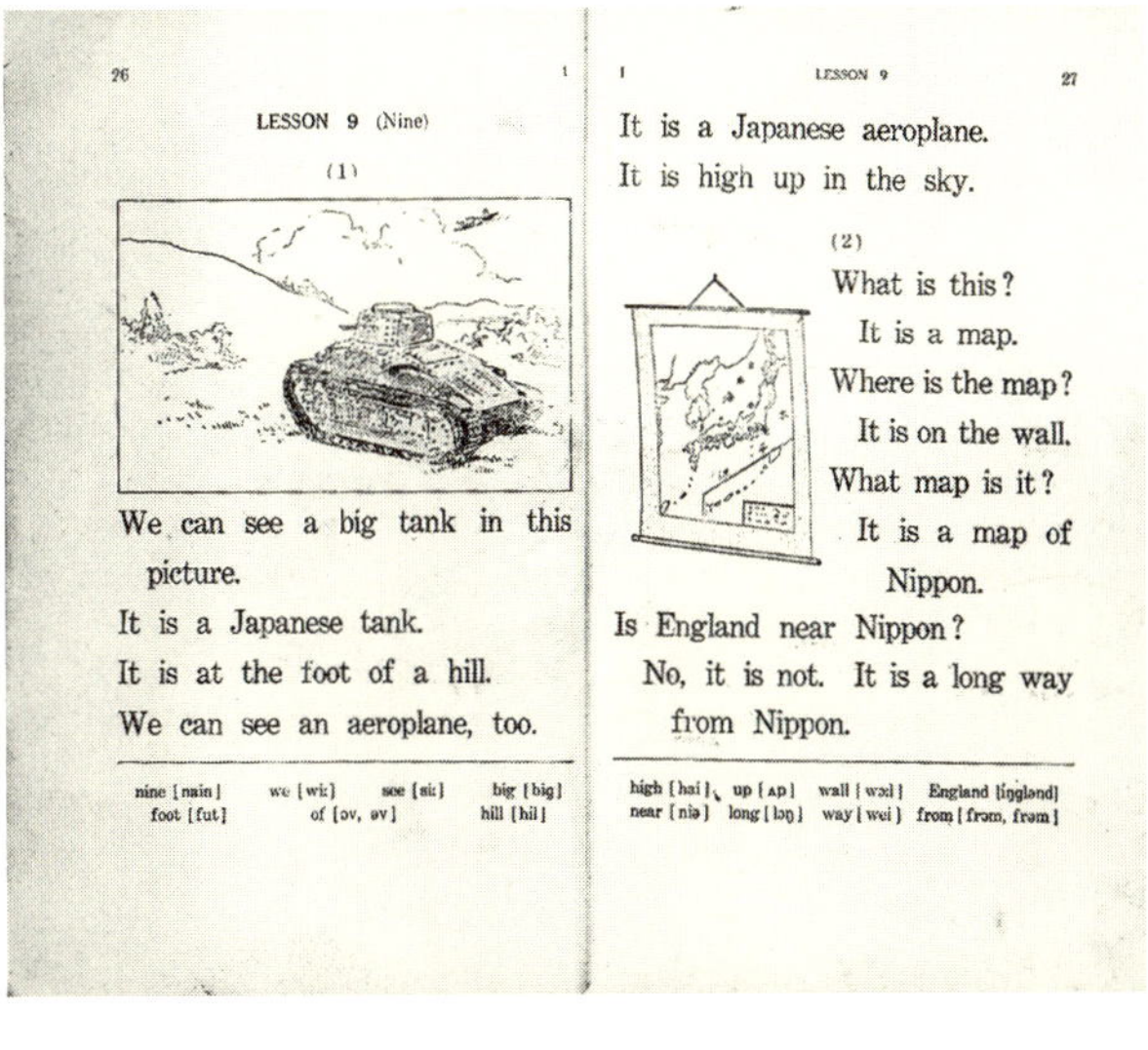

26 LESSON 9 (Nine) I

(1)

We can see a big tank in this picture.
It is a Japanese tank.
It is at the foot of a hill.
We can see an aeroplane, too.

nine [nain] we [wiː] see [siː] big [big] foot [fut] of [ɔv, əv] hill [hil]

I LESSON 9 27

It is a Japanese aeroplane.
It is high up in the sky.

(2)

What is this?
It is a map.
Where is the map?
It is on the wall.
What map is it?
It is a map of Nippon.
Is England near Nippon?
No, it is not. It is a long way from Nippon.

high [hai] up [ʌp] wall [wɔːl] England [íŋglənd] near [niə] long [lɔŋ] way [wei] from [frɔm, frəm]

ただし、この書き換えや禁令がどの程度徹底していたかについては、多分に疑問の余地がある。昭和一六〜一七年の日本陸軍のアジア侵攻に材を取った昭和一九年製作の『加藤隼戦闘隊』(監督山本嘉次郎)という映画は、主として戦意高揚のために作られたものだが、そのなかで、海外経験の豊富な加藤建夫部隊長は、日本軍の基地に迷い込んできた敵機を見て思わず「チャンス、チャンス」と叫び、のちにその敵国語使用を部下に冷やかされつつ、笑いながら弁明をする。陸軍省監修の下で作られた戦意高揚のための映画でもそのありさまであるから、敵国語使用については、さほど厳しい取り締まりはなかったのではないかと推測される。しかしながら、より深刻だったのは、英語教育に対する圧力である。

太平洋戦争中の英語教育・研究

国全体が戦争という非常事態に突入した。何らかの形で「お国のために」奉仕することが国民の義務となった。学校教育においては、戦争の遂行にとって有用なる人材の育成に主眼が置かれた。そのようななかにあって、敵国語たる英語の教育に当てられていた時間が削減されたのは、当然の成り行きであった。

まず、昭和一七年の七月に女学校と女子実業学校の英語が随意科となった。同年八月には、中等学校および高等学校の修業年限をそれぞれ四年と二年に縮減する学制改革案が文部省から提示され、翌年から施行された。また、一九年には、中等教育の教科教授日数が縮減された（川澄編、一九七八年）。同じころ、職業系諸学校の英語科も、のきなみ時間削減の措置を強いられていた（江利川、二〇〇六年）。英語教師たちは失業の危機に怯えつつ、肩身の狭い思いをして細々と英語を教えた。宮崎芳三『太平洋戦争と英文学者』（一九九九年）によれば、英語教師の離職者も「夥しい」数に上ったという。

このような状況にあって、なお英語教育を擁護しようとする人たち、あるいは擁護しなければならなかった人たちは、どのような論法で戦ったのだろうか。まずは、昭和三年の段階で「吾々英語教師は英語を通して我が国の文化を進め、同胞に世界の市民として耻かしからぬ資格を与へんが為に、あらゆる不利な状況と戦ひつゝ努力して」いた市河三喜は、どのような論陣を張ったろうか。

英語は単に英米の国語としてのみでなく、タイ、ビルマ、インド、フィリッピン、オーストラリヤに行はれる言語として従来よりも我々に非常に身近くなつて来た。従来は英語を習得しても之を実地に使ふ機会は多くの人の場合甚だ少なかつた為に、その実用方面が兎角軽視され勝ちであつたが、今後大東亜共栄圏の確立した暁には、色々な人が色々な目的の為に南へと進出するであろう事は疑を容れぬ所である。そしてそこには何と云つても英語が共通語として根を張つて居り、知識階級は矢張り英語を以て学び易いヨーロッパ語の一つとして将来長く世界の文化を摂取する手段とすることに変化はあるまい。云ひかへれば英語国が我々の勢力範囲に這入つて来たやうなものであつて、これまで習つた英語を活かし、これから習ふ英語も生かして使ふ事が出来る訳である。(「高等学校教育新課程と語学教授の問題」、『語学教育』第一八一号、昭和一七年三月五日)

「大東亜共栄圏」における共通語としての英語を学ぶという新しい論点が加わっていることがわかるであろう。同じ点を強調した論考をもう一つ紹介しておく。一つ目は、『語学教育』が昭和一七年七月発表した「中等学校に於ける外国語科」と題する声明である。

大東亜の共栄圏を確立し以て世界新秩序の建設に貢献せんとする皇国民は、学術、産業その他各方面に於て世界的進出を計り、指導的地位に立たなければならない。かかる大理想の実現の為には日本語の海外普及を計るべきこと勿論であるが、之と同時に現在最も通用性に富む一つの外国語を学習し、之を活用することが国策の現実的要請である。

この声明の最後に付けられた「附説」は、その「通用性に富む外国語」として、「英語を第一に挙げねばならぬ」としている。英語はすでに英米の言語ではなく、アジアの共通言語でもあるから、そのような「世界共通語」として英語を学ぶべきだとの言説は、いかにも近年になって盛んになったかのように思われているけれども、すでにこのころには唱えられていたのである。それどころか、同じ言説はすでに明治中期にも見られる（神田孝平「万国言語一致説」、『東京学士会院雑誌』第四編、明治一六年三月、外山正一「漢字を廃し英語を熾に興すは今日の急務なり」、『東京学芸雑誌』第三十三号、明治一七年六月など）。つまり、百年以上も前から、日本人は英語を世界語として認識していたことになる。そして、その重要性を十分に認識しながら、どうしても使いこなせないまま今日に至っているのである。

日本は、やがて英語をめぐる論争をする余裕もないほどの混乱状態に突入し、ついに終戦を迎える。

第四章

昭和時代後期の英語

終戦直後の英語ブームとカムカム英語

戦争は終わった。日本軍は武力において連合国軍に破れ、神風の到来を信じ、英語を敵国語として排斥した日本人の精神主義は、日本語と日本事情を徹底的に研究しつくしたアメリカの合理主義に敗北した。日本各地に進駐軍兵士が姿を現し、日本国民は、昨日までの敵国語たる英語を学ぶ必要性を痛感するようになった。

終戦直後の英語ブームを物語るものの一つとして、爆発的に売れた『日米会話手帳』（誠文堂新光社、一九四五年）がある。同社社長の小川菊松は、昭和天皇の玉音放送を聞いた直後、出張先から帰京する汽車のなかで同書の出版を計画、帰京後一夜にして和文の原稿を作り、さらにそれに英訳をつけて印刷した。小川本人の弁によれば「四六截判の三十二頁という、実におそまつなもの」であったが、発売後数カ月で三百六十万部を売り上げた」という（大村喜吉「概説　後期」、『日本の英学一〇〇年――昭和編』、一九六九年参照）。

昭和二一年の二月一日に放送が開始された平川唯一《ただいち》のラジオ講座「英語会話」は、そのテーマ曲が「証城寺《しょうじょうじ》の狸囃子《たぬきばやし》」のメロディーに乗って「カムカム、エブリバディ」と始まるところから「カムカム英語」として親しまれ、昭和二六年以降には放送局がＮＨＫから民放に移り、講座そのものの名前も「カムカム英語」に変わった。ちなみに、終戦直後の社会状況を題材とした長谷川町子の『サザエさん』第一巻のなかに、ワカメちゃんがこのテーマ曲を歌いながら回覧板を届けにいく場面がある。冒頭部はあまりに有名だが、二番まで歌詞があることをご存知の読者は少ないと思うので、全文を掲げておく。「狸囃子」の旋律に乗せて歌ってみていただきたい。

Come, come, everybody.
How do you do, and how are you?
Won’t you have some candy,
One and two and three, four, five?
Let’s all sing a happy song,
Sing trala la la la.
Good-bye, everybody,
Good night until tomorrow.
Monday, Tuesday, Wednesday,
Thursday, Friday, Saturday, Sunday.
Let’s all come and meet again
Singing tra la la.

平川唯一のラジオ講座のテキスト

この有名なラジオ講座がどのような内容を講じていたのかを見てみよう。以下に引用するのは、昭和二四年七月四日〜二九日放送分のテキストの最初の言語材料たるQUEEN FOR A DAY（臨時の乙姫）と題する会話文である。じつは、ここに読み方を示すカタカナと訳が付されているのだが、それについてはあとで説明する。

Minoru: Tomorrow is Sunday, isn't it, Sis?

Tomoko: Uh h'm! I know. You want to go somewhere.

Minoru: Oh, is that what you want?

Tomoko: Not me. I'm going to be awfully busy.

Minoru: So am I.

Tomoko: Really? What for?

Minoru: We are going to have a lot of fun. Do you want to come, too?

Tomoko: Where to? The beach?

Minoru: No, to Shigeo's house next door.

Tomoko: And what are you going to do there?

Minoru: We are going to rehearse a play in English, that's what.

Tomoko: What you know about that! And have you decided on the play?

Minoru: Sure. But do you like doing plays, Sis?

Tomoko: Of course, I do. I'm taking part in a play now.

Minoru: Then why didn't you say so? Maybe you can coach us then.

Tomoko: If I have time. What's the name of the play?

Minoru: It's called "Urashima Taro".

Tomoko: Why, that's exactly the same play I'm playing in.

Minoru: No kidding! And did you get that out of the magazine, too?

Tomoko: Exactly. And what part are you going to play?

Minoru: I'm going to be Urashima, and you?

Tomoko: Well, in that case, I shall be the queen to you, although I'm just a turtle in our play.

ミノルがお姉さんを劇の練習に誘ったところ、お姉さんもたまたま同じ劇を演じていることが判明し、その指導を乞うという話である。英文それぞれの下には、「ツマロー　イズ　サンデイ　イズネット　シス」、「アー　ハン　アイ　ノウ　ユー　ウォント　ツ　ゴウ　サムホェア」などとカタカナで読み方が示され、英文の右側には、「実…あしたは日曜日だね、おねえさん。」、「友子…そうよ。知ってるわ。どこかへ行きたいんでしょう。」という具合にそれに対応する訳文が付されている。

カタカナによる発音の提示の仕方と和訳だけを見ると、明治初期に粗製濫造された英語教材を思い出すかもしれないが（斎藤、二〇〇一年、一〇八〜一一〇頁参照）、会話文の質自体は悪くない。それどころか、テキストのところどころに挿入されている「質問箱」と呼ばれる記事には、かなり高度な文法的内容が含まれている。たとえば、上記の英文を教材とする課の最後には、「It's kind of hard at first. の kind of は、コンサイスを引きますと noun の項の熟語として、「ちょっと、まあ、いわば」と出ています。副詞句のように思われますが正しいでしょうか」との聴取者・読者からの質問が紹介され、次の課の最後でそれに対する答えが提示される。

（答）

It's kind of hard at first. の kind of はお考えの通り副詞句です。元来は「一種の」とか「言わば」の意味から俗語化して vaguely 又は to some extent の意味に用います。kind o' とか kind a' と書くこともあるし又 kinder となることもあります。三つとも発音は［káində］です。That's <u>kind o'</u> good.（それはまあいい方だ）、I <u>kind of</u> expected it.（私はそれを幾分は期待していた）のように用います。従って、It's <u>kind of</u> hard to explain. も正しいわけです。It's very kind of you. とか How kind of you! の kind of は前のとは全然違います。 It is 形容詞（kind, nice, cruel, generous など）of you (to ～) の形で、of の前が kind に決まっているわけではありません。ついでに申しますと、この of は次に来る（又は省略されている）不定詞の働きの主体を示しているので、It was foolish <u>of</u> you to do so.（君<u>が</u>そうしたのは愚かなことだった）のように用います。そこで、It's very <u>kind</u> of you to say so.（君がそう言ってくれるのは本当に親切なことで有難い）では、たまたま kind of となったわけです。

「副詞句」という文法用語や国際音標文字の用い方も正確であり、発展的な勉強をしようとする聴取者・読者の関心に応えようとする姿勢が教材から窺える。

また、英語を話しているのが「実」と「友子」で、会話の主題となっている劇が「浦島太郎」というところが面白い。最近、いままでの英米文化の色彩のつよい英語教材に対する反省から、「発信型」英語教育の名の下に言語教材のなかにできるだけ日本の文物を織り交ぜる教材作りが流行っているが、そのような発想は、すでに見た『英語之日本』創刊号の巻頭言にも現われており、この戦争直後のカムカム英語にも見ることができる。むしろ英米文化が国産の英語教材に色濃く現われるようになったのは、戦後何年か経ってからのことである。

カムカム英語に関して言えば、会話文の話者としてはじめて外国人が登場するのは、昭和二七年になってからのことで、その五月九日からの週で解説される会話文のなかで朋子とMarionが米の料理法を（Tomoko: So you know already how we cook rice.［朋子…じゃあ、もう日本のたき方を御存知なんですね。］/Marion: Yes, I've learned it from our maid.［メリアン…ええ、宅のメードに教えてもらいましたの。］といった具合に）話し合っている。その後もMarion, Bell, Suzie, Betty, Larryなどの外国人が登場するが、会話文の内容はほぼ例外なく日本に関するものである。「カムカム英語」は、究極の「発信型」英語教材だと言える。

終戦後の英語教科書

戦争直後の教科書としては、軍国主義的色彩の強い部分を墨で塗りつぶした「墨塗り教科書」や、不適当な箇所を削除した「暫定教科書」をはじめ、戦時中の教科書を何らかの形で修正したものが用いられていたが、昭和二二(一九四七)年三月には新しい国定教科書の*Let's Learn English*(教育図書)が出版され、翌二三年からは教科書の数も年々飛躍的に伸びていった(伊村、二〇〇三年、第九章、および大村他編『英語教育史資料』第三巻第二章第六節参照)。

そのなかでももっとも広く用いられるようになったのが、*Jack and Betty: English Step by Step*(開隆堂、昭和二三年初版)である。これは、その題名の響きから実用会話中心の教科書のようなイメージがあるが、中学一年用の 1st Step からすでにR・L・スティーヴンソンの英詩などが出てくる、なかなか格調高い教科書である。2nd Step には、クリスティーナ・G・ロセッティの英詩が登場し、3rd Step になると、Unit 1から'One day Jack saw ...'という「物語」の文体になる。日常会話のレベルが上がるにつれ、過去の出来事を語る物語文の割合が増えることを考えると、これは理にかなった展開である。

戦前の教科書にも共通する特徴だが、この時代の教科書は、まず文法シラバスに則って会話文などのやさしい例文が並び、次に随筆文や物語文が導入されて、そこに出てくる文法項目が解説される。そして、その延長として文学の英語が導入される仕立てになっている。

上記の*Jack and Betty*の高校版の*High School English: Step by Step*も、文学作品から取られた文章、あるいは文学を題材とした随筆が教材の大半を占めている。そのUNIT IIの3に現われるチャールズ・ディケンズの『デイヴィッド・コッパーフィールド』の一節を見てみよう。

When some white-headed billow thundered on, and dashed themselves to pieces before they reached the land, every fragment of the late whole seemed possessed by the full might of its wrath, rushing to be gathered to the composition of another monster. Undulating hills were changed to valleys, undulating valleys (with a solitary stormbird sometimes skimming through them) were lifted up to hills; masses of water shivered and shook the beach with a booming sound; every shape tumultuously rolled on, as soon as made, to change its shape and place, and beat another shape and place away; the ideal shore on the horizon, with its towers and buildings, rose and fell; the clouds fell fast and thick; I seemed to see a rending and upheaving of all nature.

いまの高校三年レベルから考えれば、とてつもない難文に見えるだろう。それもそのはず、これは原文と一語一句違わない。そして、その課の最後に付された課題は、右の冒頭の一文を平易な英語で書き直せ、というもの。生徒がディケンズの原文を完全に理解していることが、当然のごとく想定されているのだ。このレベル設定は、あらためて確認しておく必要がある。

昭和二三年に出版された教科書の一つに、*The New Vista English Readers*（三省堂）がある。編集顧問の一人は、戦後処理に奔走した日本文化研究家R・H・ブライス（R.H. Blyth 一八九八〜一九六四）である。この教科書の裏の見返し部に印刷された 'To the Teacher' と題する小文の冒頭に、"The greatest defect in the teaching of English in Japan has been the undue importance given to the translating process and the corresponding neglect of drill exercises essential to its mastery."「日本における英語教育の最大の欠点は、翻訳の過程が必要以上に重視され、そのために英語を習得するために必要不可欠な練習がおろそかになっていることである」という一文がある。いまだに耳にする批判だが、undue という表現からも窺えるように、訳読を全否定してはいないらしい。事実、drill 的な要素は、各課の冒頭と最後に付された重要語彙のリストと内容に関する英語の質問文くらいのもので、残りは日本語を使わないと教えにくい内容になっている。

昭和二九年出版の *Everyday English*（岩崎民平他監修、中教出版）という英語教科書がある。

その見返しの「英語分布図」が面白い。「英語を母国語とする国」、「住民の一部が英語を母国語とする国」、「英語が大体通用する国」が、それぞれ網かけ、横線、白色で記されているのだが、イギリス、アイルランド、北米、オーストラリアなどが網かけ、インド、ビルマ（現ミャンマー連邦）、フィリピン、アフリカの一部が横線で、日本を含め、ほかはすべて「英語が大体通用する国」となっている。イギリスが地図の中央に描かれているから、同国で作成された英語分布図か旧植民地分布図を写し取って掲載したものだろうと思われる。昭和二〇年代、英語が世界のどこでも「大体通用する」という言説が、おそらくはイギリスの言語戦略に乗って形成されていた事実が窺える。

英語・英文学者の自己批判——中野・市河論争

戦前・戦中にかけて英語が敵性語さらには敵国語となり、英語教師たちは英語教育の教養的価値を信じつつ、肩身の狭い思いをしながら、細々と授業を続けていた。同じ時期、英語を学問研究の対象、あるいは道具としてきた英語・英文学者たちは自分たちの生業をどのように捉え、どのような気持ちで終戦の日を迎えたのであろうか。

じつは、これについてはあまりくわしいことがわからない。彼らの多くもまた戦時下の民間人として戦火を免れるべく右往左往していたに違いなく、戦争という特異な状況のなかで英語・英文学者の立場をはっきりと表明したものが少ないからである。

宮崎（一九九九年、九八頁）は、「戦時中の英語教師、英文学者の書いたものの中では、私の読んだかぎり、中野好夫の『直言する』（［筆者注］昭和一七年一〇月から翌年の二月にかけて『英語青年』誌上に連載された記事）が一番いい。それも二番以下をグーンとひきはなしての一番である」と書いているが、私はそうは思わない。英語・英文学界に対する中野の問題提起自体はことごとくまっとうなのだが、商業主義に侵された教科書濫造の愚を指摘している部分を除けば、つまるところ、英語・英米文学者たちよ、もっとしっかりせよ、英語学習によって英米を知ることの意義を見直せ、沈黙するだけでなく、自分たちのあるべき姿をもっと公開の場で話し合おうではないか、と呼びかけているだけであって、何ら具体的提言をしているわけではない。題名と文体の威勢のよさに目を奪われてしまうと、戦時中、多くの英語・英文学者が沈黙するなか、中野だけが勇敢に時流に立ち向かっていたかのような印象を受けるが、その図式で認識すると、あとで紹介する論争を読み違えてしまうだろう。

その論争との関係で、もう一つ確認しておかなくてはならない問題がある。連載第二回目の「直言する」のなかに、読者の好奇心を誘う次のような一節がある。

……斯学界で最も性質の悪いのは頬被り主義である。少し面倒と思へば黙殺といふ一手で、そのくせ蔭では身近の雑魚共を集めて一かど気焔を上げてゐるのだから可笑しい。例えば知名の文法学者で、その方面では実に尊敬すべき篤学者である某博士なども、頬被り主義では一流の大家である。この人の沙翁註解は、僕の知る限りでも三度は明かに、もし学を尚ぶの士ならば当然答弁の義務を有つべきものと思われる批評を受けてゐる。だが彼は終始頑として黙殺主義だ。

この箇所を細かく読めばわかるとおり、ここで中野が批判する「頬被り主義」、「黙殺主義」とは、あくまで正当な学問的批判を受けながらそれに答えない態度のことであり、それはいつの時代も存在する学界の悪癖である。ここまで毒づいて指摘するほどのことですらない。だが、この引用文をあとで紹介する論争、さらに川澄編（一九七八年）の第五章にある「開戦と同時に……英語教師たちは、見苦しいほどにあわてふためいた。……軽井沢にひきこもって、知らぬ顔の半兵衛をきめこむ高名な英文法学者もいた」との解説文と併せて読むと、あまりに多くの点が符合するために、中野の戦中・戦後の発言を間違った図式で捉えてしまう危険性がある。すなわち、この知名の文法学者というのがいまや学界の大御所となった市河三喜であって、戦時下における英語・英文学者のあるべき姿を示そうとしない市河を一貫して中野が攻撃している、という図式である。その対立の図式が真実なら、この攻撃は中野の武勇伝ともなり得たろうが、どうもそうではないらしい。

まず、先の引用文の「知名の文法学者」については、じっさいに市河三喜を指すものと考えた読者が多かったらしく、中野自身、連載の八回目に次のような断り書きを入れている。

……本稿（2）の中で本邦英文法の権威者で、沙翁註訳をしてゐる某博士のことに触れたが、それが坊間市河博士を意味したかの如く取沙汰なすものがあり、非常なる迷惑を蒙られ由注意してくれた人がある。これは実に意外であり、こゝにその誤なることを訂正しておく。一度は原稿で本名を書いたのであるが、本稿は個人攻撃が目的ではないことと、この問題は多少でも平生勉強してゐるものならば、かかる誤解の生じうべきはずはない事柄なので再考抹殺したのであるが、事の意外に驚くとともに、今更ながら英語屋先生の不勉強ぶりに呆れるばかりである。

これは何とも妙な弁明の仕方である。シェイクスピア（沙翁）の注解をしている文法学者と書けば、当時代表的な英文学の注釈書のシリーズであった研究社の『英文学叢書』百巻中十二巻を占めるシェイクスピアの注釈書のうち十一巻を担当している（残り一つの担当は岡倉由三郎）市河三喜を指すと読者が考えるのは当然予想されることであって、その想像を「英語屋先生の不勉強」のなせる業として批判するに至っては、いまで言うところの「逆ギレ」にも近い書きぶりではないか。また、先の引用文であれだけ毒のある筆致で読者の好奇心を煽り、誤解を生じるような書き方をしておきながら、「個人攻撃が目的ではない」との理由で事実を明らかにしないのは卑怯であるとすら言える。つまり、中野の「直言する」は、英語・英文学界というコップの中の嵐を、ただ威勢のいい文体で論じただけの記事に過ぎない。

中野好夫

中野の書いたもののなかで本当に評価すべきは、戦後、彼が *The Youth's Companion*（昭和二三年二月号）誌上に発表した「英語を学ぶ人々のために」と題する文章である。ここには、何とか英文学者としての社会的使命を全うしようとする中野の真摯な態度が現われている。本論のなかで、彼はまず「例のカムカム小父さんの人気」に代表される英語ブームを批判的に論じたのち、自責を込めつつ、「英語を学ぶ人々」のあるべき姿を次のように論じる。

たとえば新渡戸稲造とか、内村鑑三というような人々には、単に英語ができるという以上にたしかに今までの日本人に見られないサムシングがあつた。そしてそれが新しい日本の指導に大きな力をなしたのであつた。ところがこゝ十年あまりの、そうした語学を生かして、その頃の日本の歩みに一番警告や指導を与えなければならない英文学者や英語の先生たちは、この私をもふくめて、一人の例外もなしに、意気地なしであり、腰抜けであり、腑抜けであつた。むろん便乗したものは、私一人くらいを除けては一人もなかつた。戦争に対してもはつきり疑いと、反対の信念を抱いていた。その限り立派だともいえるが、たゞそうした見解は、すべてことごとくが風呂の中で屁をひるようであり、売女の愚痴のようであつた。その意味で、反対だつたということは、今にして日本をこんな破滅に陥れたことに対する責任逃れにはならない。とにかく数からいえば、これだけ存在する英語関係者が、もう少しイギリスを知り、アメリカを究め、今少し自分の首や地位への考慮をはなれて物を言つていたら、よし日本の運命を逆転させる力はなかつたにせよ、もう少しは今にして後味のよい結果になつていたはずだ。……

要するに、もう一度いうが、私自身をも含めて、今生きている英文学者や英語の大家小家は、一人として尊敬する必要のない人ばかりなのである。諸君が見ならつてはならないお手本ばかりなのである。……

英語を話すのに上手なほどよい。書くのも上手なら上手ほどよい。読むのも確かなら確かなほどよい。だが、忘れてならないのは、それらのもう一つ背後にあつて、そうした才能を生かす一つの精神だ。だからこれからの諸君は、英語を勉強して、流石に英語をやつた人の考は違う、視野が広くて、人間に芯があつて、どこか頼もしいと、そのあるところ、あるところで、小さいながらも、日本の進む、世界の進む正しい道で、それぞれ生きた人になつているような人になつてもらいたい。

「直言する」が宮崎（前掲書）が言うほどの勇敢な提言であったとすれば、「この私をもふくめて」の部分は中野の謙遜とも取れようが、自分も含めて戦時中の英文学者が「意気地なしであり、腰抜けであり、腑抜けであつた」というのは、いつわらざる本心だったのではないか。おそらくは、コップの中の嵐を論じることで戦争に対する自らの立場をほのめかすことしかできなかった自分を腑甲斐ないと感じていたのであろう。

この論文が発表された二カ月後、市河三喜は「英語研究者に望む」と題する論文を『英語青年』誌上に発表した。編集部から題目を指定されたと書いているが、発表のタイミングといい、どこか中野の文章に対する対抗意識を感じさせるものがある。事実、自らの研究・教育経験を概論的に回想し、新時代の英語教育において実用会話が重要になる旨の論を展開したのち、市河は一転して中野の「英語を学ぶ人々のために」の論評を始める。そして、「生命を尚ぶあまり戦争中沈黙を守つていた人、いわば凶器をもつた泥棒に手向いしなかつた者が、一人の例外もなく腰抜けであり、腑抜けであるといい切ることが出来るかどうかは賢明なる読者の判断し得るところであらう」という部分で異議を匂わす以外は大筋で同意しておきながら、妙なところに批判の矛先を向ける。

中野君の文章にはもっともと思われるふしもあるが、その用語にはいつもながら感心出来かねる。これは人柄の相違といえばそれまでだが、「屁」とか「けつ」とか「糞」とかいう言葉が盛んに出てくる。将来中野好夫論を書く人がその文体の研究をやったら、こうした下がゝつた言葉の頻出度数に驚くだろう。下がかつていても、「かみがかり」よりはましだとしやれてすましてくれるだろうか。

『英語青年』創刊50周年号
（市河三喜「英語研究者に望む」所載）

『英語青年』にこの記事が掲載された二カ月後、中野は同誌に「市河三喜氏に答える」という文章を載せる。なぜまたしても二カ月後かというと、月刊雑誌の論文を読んでそれに対する論評を投稿するとなると、出版のサイクルからしてどんなに急いでも次号には載らない。どうしても一号飛ぶから二カ月後となるのである。先の市川の論文も、「市河三喜氏に答える」も、それぞれの論に対する反応としては一番早いサイクルで発表されているのだ。

ここでもう一度繰り返しておくが、市川の「英語研究者に望む」は、「同感である」、「中野君の……言葉は……という意味に於ては真実である」、「中野君のいわれる通り」といった具合に、少なくとも表面的には「英語を学ぶ人々のために」への賛意を示す表現を使って、大筋では中野に同意している。しかしながら、これを読んだ中野は、「当然手袋を投げられたものとして」（中世の騎士は、相手に対して手袋を投げることで挑戦の意を示した）反撃の筆を執る。

いくら「下がかろう」と神がかろうと、言いたい時は言ふだけだが、もつと大切なことは、今後もし市河氏が相変わらず「英語研究者に望む」などという垂訓をされる所存なら、それには前提として註文がある。つまりそれは市河氏自身がまづ裸になつてかゝらなければ嘘だということだ。裸とは何か。それは市河氏自身（むろん市河氏一人の問題ではない、その他すべての老大家、ひいては私などの世代にまで及ぶすべての問題である）が戦前戦中を通じていかに考へ、いかに身を処したかといふありのまゝ、の事実を公にして、それを自己反省と社会の判断の下にさらすことである。

中野の語調の激しさを見ると、市河と彼との間には、英語・英文学者いかにあるべきかという問題、あるいはその他の問題をめぐって確執が生じていたと思わざるを得ない。それについては確認のしようもないが、戦時中の身の処し方が英語・英文学者の論争の種になっていたことだけは覚えておく必要がある。

英語教育の立て直しと制度的変革

昭和二二（一九四七）年、教育基本法が公布され、六・三・三・四制の新しい学制が定められた。同年、新制中学校が発足し、英語がその選択教科となった。また翌年、翌々年にそれぞれ新制高等学校、新制大学が発足した。二五年には、中学校・高等学校における英語教育の全国的研究組織として全国英語教育研究団体連合会（全英連）が結成された。昭和二六年には、文部省が七五九頁におよぶ膨大な『中学校高等学校学習指導要領外国語科英語編Ⅰ・Ⅱ・Ⅲ（試案）』を発表し（実際の発行は翌年）、公教育における英語教育の指針を示した。また同年、南山大学と京都学芸大学では、早くもＬＬ（Language Laboratory）教育が開始された。

英語教育の体制が徐々に整っていくにつれ、このころから英語教育の制度をめぐるある運動や議論が活発になる。戦前であれば、英語教育廃止論、我々の記憶に新しいところでは、英語第二公用語論、小学校英語教科化是非論などがあった。それに匹敵するような戦後の論争は、いったい何だったと思われるだろうか。それは、高等学校の入試科目に英語を加えるべきかどうかという論争である。

入試（当時の用語で言えば「アチーブメント・テスト」）科目に英語を加えるべきだと主張していたのは、主に高等学校の英語教師。主張の根拠は、英語教育は早くはじめるべきであり、ついては中学校における英語教育を充実させるべく、その成果をアチーブメント・テストで測るべきである、というもの。これに反対したのは、主に小・中学校の教員であった。そちらの言い分はこうだ。アチーブメント・テストに英語が入れば、中学校において英語が選択科目であることの意味がなくなる。英語が実質的に必修科目となり、ほかの科目を圧迫するようになる、というのである。いまだに別の文脈で耳にしそうな議論ではないか。

この論争が激化した昭和三〇年、加藤周一は雑誌『世界』に「信州の旅から――英語の義務教育化に対する疑問」と題する論考を寄せ、高校入試への英語導入に反対の立場を表明した。彼は、長野県の小・中学校の教師相手に語ったことを要約しつつ、次のように書いている。

一年に百人や二百人の長野県人が何かの理由で英語の知識を必要とするために、県下の全部、またはほとんど全部の児童に英語教育を事実上強制するということは、私には正気の沙汰とは思えない。他に教えなければならないことはいくらでもある。殊に義務教育を終った生徒は、もっと自由に日本語でよみ、日本語で表現できなければならない。

しかしながら、戦後、今日に至るまでこの論理が教育行政に受け入れられたためしはない。先述の全英連が中心となって高校入試への英語導入に向けての運動を推し進めた結果、導入の形式や入試科目としての比重こそさまざまであったが、次第に英語が入試科目のなかに入り込むようになった。

「役に立つ英語」論争と実業界・経済界からの圧力

昭和三〇年代から、日本の英語教育をめぐる宿命的な問題があらためて浮上してきた。すなわち、いくら学校で英語を習ってもさっぱり使い物にならない、という問題である。そして、高度経済成長時代の幕開けとともに「役に立つ英語」を教えよ、との要求の声が高まった。

福井保は、昭和三〇年代においてふたたびこの議論が浮上したきっかけを次のように説明している。

直接のきっかけは、二八年の第一回新制大学卒業生の聞く・話す面の英語力の不足であった。「挨拶もろくろくできず」「手紙一本書けない」から、はては「缶詰のレッテルさえ読めない」に至るまで、さまざまな悪評が学校の英語教育に浴びせかけられた。「役に立つ英語」の具体的内容としては、会話力と作文力をつけよ、文献を速く読みこなす力をつけよから、英語よりも米語をとか、中・高・大の一貫した英語教育とか、さまざまな問題を含んでいた。

(「戦後学制改革と英語教育」、『英語教育問題の変遷』、一九七九年)

また、伊村（二〇〇三年、二八三～二八四頁）は、この問題に関し、次のような事実を指摘している。

昭和三一年（一九五六）に日経連（日本経営者連盟）から「役に立つ英語」の要望書が発表されて、大きな反響を呼んだ。「新制大学卒業生の語学力は、逐年向上しているが、いまだ産業界が要求している程度には達していない。一般的にいって、就職のための常識面に片寄り、基礎的な掘り下げ、原書などを読みこなす研究態度、勉強方法に欠けている」と指摘した上で、六項目にわたる要望を出している。これに答えて、文部省は昭和三五年（一九六〇）に英語教育改善協議会（会長・市河三喜）を発足させた。

また、昭和三一年には、同じ問題意識を持つ財界と学界の有志が「日本英語教育委員会」（English Language Exploratory Committee. 三八年に「英語教育協議会」〔English Language Education Council 略称 ELEC〕と改称）を設立した。初代会長が日本銀行総裁の新木栄吉であったところを見ても、財界が本気で英語教育の改善を求めていた様子が窺える。この委員会は、同年九月、アメリカからC・C・フリーズ、W・F・トゥワデル（W.F. Twaddell）、イギリスからホーンビーを呼んで、英語教育専門家会議を開催した。出席した日本人学者のなかには、市河三喜、斎藤勇、豊田実、岩崎民平、中島文雄、高木八尺、上代たの、小泉信三らがいた。委員会は、会議を締めくくるにあたり、以下の四項目の提案をまとめた。

（一）　外国語教育の究極の目的はちがった言葉の背景をもつ人びとの間に、できるだけ十分な相互理解を達成すること。

（二）　そのためには科学的な理論に従って編集された新教材による口頭教授が強化されなければならないこと。新教材は、分析により英語と日本語の違い、文型のちがいを十分に検討してつくられなくてはならず、同委員会では、この理想的な教科書作成にかかる。

（三）　教員養成については新教育法を普及させるための研究所開設が予定され、夏休み利用の現職員の再教育や英語教員志望の大学生のための補助訓練にあたる。

（四）　英語教育上問題の多い入学試験に対してもこの新しい英語教育への提案の線にそって改善されることを要望している。

（大村喜吉他編『英語教育史資料――第二巻英語教育理論・実践・論争史』、八五七頁）

この会議ののち、とくにフリーズの提唱する「オーラル・アプローチ（Oral Approach）」と、その考え方に基づく「パタン・プラクティス」という教授法が注目を集め、日本の教育現場で一大ブームとなった。これについては次の節で述べる。

すでに見てきたとおり、学校で習う英語は役に立たない、この状況を何とかしろという不満は、明治中期以降、何度も噴出している（逆に、学校で「役に立つ」英語が教えられるようになったという話は、およそ耳にすることがない）。だが、昭和三〇年代以降の「役に立つ英語」論の特徴は、それが実業界や経済界から沸き上がるようになったということである。

これは、日本が戦後の混乱期を乗り切り、着実に経済的な復興に向かっていたことを示している。当時勢いを増しつつあった実業界は、国際化を視野に入れつつ、自分たちにとって都合のいい人材、都合のいい能力を求めるようになったのである。昭和三四年の国際オリンピック委員会（IOC）総会で東京オリンピックの開催が決定したことも、この「役に立つ英語」論を大いに盛り上げるきっかけとなった。

フリーズとパタン・プラクティス・ブーム

先述の日本英語教育委員会が招聘した外国人学者のうち、フリーズは、「オーラル・アプローチ」という英語教育理念によって日本の英語教育界に多大な影響を与えた。この教育理念は、基本的にパーマーが提唱した「オーラル・メソッド」同様、音声重視の反復訓練を核とするものであるが、学習対象の言語と学習者との言語の差異に配慮していることを一つの大きな特徴としている。先の日本英語教育委員会の提言の第二項目にフリーズの影響が見られる。

フリーズは、具体的な教材作りにおいては、例文が小さな対照を含みつつ段階的に発展していくことが重要だと考えた。彼が本務校のミシガン大学で作成した教材（*Cumulative Pattern Practices: Lessons I-XX from An Intensive Course in English*, 1954）における言語材料の配列を見てみよう。たとえば、時間・空間表現を中心とした第三課の 'Exercise 58' の例文は次のようになっている（発音とイントネーションに関する表記は省略）。

この例文を「パターンがはっきりわかるまで」（'until you are sure of the pattern'）何度か音読したあと、次の練習では文中の usually を always に変えて音読をする。

(A)

1. They usually walk.
2. They usually work.
3. He usually attends the concert.
4. She usually opens the window.
5. They usually wait for the bus.
6. She usually washes the clothes.
7. They usually play tennis.
8. She usually closes the door.
9. He usually dresses.
10. They usually study.
11. He usually listens to the radio.
12. She usually directs the boys.

(B)

1. They always walk.
2. They always work.
3. He always attends the concert.

次の練習では、例文中の always を often に変えて音読をし、その次の練習では、上記の例文を（1. Do they usually walk? / 2. Do they usually work? / 3. Does he usually attend the concert? という具合に）疑問文に直す。さらにその usually を always に変えたのち、今度は先の1～12の例文のあとに downtown, at home, at school などの副詞（句）をつけて音読練習を繰り返す、というような仕立てになっている。

このように、基本構文を少しずつ変化させながら音読を繰り返す練習がパタン・プラクティスであり、昭和三〇年代後半から五〇年代前半まで日本の英語教育の現場で広く実践された。まさに先述の福原麟太郎の予言にあった「フリーズ教授法ブーム」が本当に起こったのだが、このブームは（このブームも）その後急速に下火になっていった。考えられる理由としては、教授法として用いた場合授業が単調になりやすいこと、練習を繰り返してもなかなか思うように英語が使いこなせるようにならないこと（これは日本人の英語学習の宿命）、チョムスキーの生成文法理論の発達と普及により、定型構文の反復練習では母語話者と同じように文法を獲得できないことがわかってきたこと、などが考えられる。

LESSON XIV

PATTERN PRACTICES

1a. IT. . .
1b. THERE IS. . ., THERE ARE. . .
2. . . .OF. . . ("the work OF a machine")
. . .'S. . . ("John'S work") ("a day'S work")
3a. WHOSE? MINE, YOURS, JOHN'S
3b. (I want) "several", "five", "these"
(I want) this ONE, a good ONE, these good ONES

Review

Practice 1. Chart VI.

1. want — They wanted to go by bus.
2. like — They liked to go by taxi.
3. plan — They planned to go by plane.
4. hope
5. intend
6. have to
7. expect
8. try

Practice 2: Chart VI.

1. want — Student A: How did they want to go to the bank?
Student B: By bus. They wanted to go to the bank by bus.
2. like — Student B: How did they like to go to church?
Student C: By taxi. They liked to go to church by taxi.
3. expect
4. intend
5. have to
6. plan
7. hope
8. expect

*Practice 3. Chart VI.

1. I want you to go by bus.
2. I want you to go by taxi.
3. I want you to go by plane.

Practice 4. Chart VI.

1. want — I wanted them to go by bus.
2. ask — I asked them to go by taxi.
3. tell — I told them to go by plane.
4. expect
5. want

CHART VI

ラドーとフリーズの共著 *English Pattern Practices*（1943）より

しかしながら、母語の獲得と外国語の習得は違うとの前提に立てば、パタン・プラクティスは、同じ型の反復練習によって技を習得する技芸学習の基本に則った、きわめてすぐれた英語教授法である。本来は、学習者の症状やクラスの雰囲気に応じ、ほかの教授法とうまく「調合」して用いるべきものだ。だが、日本人の悪い癖で、新しい教授法が紹介されると、それが特効薬であると信じて、それだけを使いつづける傾向にある。生徒の症状や体質も考えずに同じ薬だけを多量に投与するから、当然副作用が強く出る。そして、これは駄目だとばかりに捨ててしまう。そんなことを繰り返してきたのである。現在妙薬と信じられている「オール・(イン・)イングリッシュ」にしても、「タスク(・ベイスト・アクティヴィティ)」についても、早くその使い方の愚に気付かぬかぎり、同じことが繰り返されるだけだろうと思う。

パタン・プラクティスの人気が下り坂になるのを待っていたかのように、海外から新しい英語教育理念が新薬として持ち込まれる。日本の英語教育史上最大の薬害をもたらした「コミュニカティブ・アプローチ」である。

英米の言語戦略とコミュニケーション中心主義

あらかじめ断っておくが、私は言語のコミュニケーション機能を否定するつもりは毛頭ない。それどころか、言語の主たる機能はコミュニケーションにあるとすら思っている。私の愛読辞書たる *The Pocket Oxford Dictionary* で 'language（言語）' の項を引くと、最初の語義として 'use of words in an agreed way as a method of human communication'「人間の意思疎通《コミュニケーション》の手段として、決められた仕方で言葉を使うこと」とある。言語を使用することそのものがコミュニケーションだと言ってもいい。

しかしながら、昭和四〇年代後半から昭和五〇年代にかけて外国から持ち込まれ、その後、日本の英語教育現場で独自の成長を遂げた「コミュニカティブ・アプローチ」あるいは「コミュニケーション中心主義」は、雑多なイデオロギーと教育理念と方法論が奇怪な形に組み合わさった、まさにギリシャ神話のキマイラのような怪物なのである。

あるいは、先の医薬のたとえを使って言うならば、「コミュニケーション」という一見効き目のありそうな成分を配合していると謳いつつ、そこにほかの成分をさまざまに組み合わせた怪しげな薬が多数作られたようなものである。「コミュニケーション薬」の名の下に一括りにされていながら、副作用の強い薬も、危険物質を含む薬も、さらには毒薬すらも混じっている。それが日本中に出回ってしまった。先に私が「薬害」という言葉を使ったのは、そういう意味である。なぜそのような事態が生じたのかを理解するためには、戦後の英米の言語戦略から見ておく必要がある。

第二次世界大戦後、戦勝国たる英米は、新しい世界秩序のなかで自分たちの政治・経済・文化的影響力を強めるため、積極的な言語戦略に乗り出した。ペニクック（Alastair Pennycook）によれば、戦後、英米は協力して英語を世界中に広めるために一連の会議を開いた（Pennycook, 1994: 149）。とくに、イギリス文化の紹介と英語の海外普及を主たる業務とするブリティッシュ・カウンシルは、*English Language Teaching* という雑誌の創刊（一九五三年）や、イギリス初の応用言語学（Applied Linguistics）関係の組織となるエジンバラ大学応用言語学科の設立（一九五七年）の陣頭指揮を執り、その設立に関わったアメリカのフォード財団は、ワシントンの応用言語学センター（CAL）の設立（一九五九年）と運営においてきわめて重要な役割を果たしている（ibid.: 150; Phillipson, 1992: 160, 174）。応用言語学という学問の体制が、その成立の経緯からしてきわめて帝国主義的な言語戦略の一環として整った事実は、ここであらためて確認しておく必要がある。

英語教育におけるコミュニケーション主義の原点となったのは、デル・ハイムズ（Dell Hymes）がチョムスキーの言語理論を批判するに際して提示した「コミュニケーション能力（communicative competence）」という概念である。この概念のうえに教育モデルを構築し、さらにそのモデルにおいて実践可能な教授法を開発したのが英米の応用言語学であった。そして、それがさまざまな形で日本に持ち込まれることになった。

パーマーにしてもホーンビーにしてもフリーズにしても、いままで外国から日本にやってきた英語教育学者たちが提唱した教授法は、その大まかな設計図と細かい部品こそ外国で作られたものであるとはいえ、基本的には日本人向けに作られたものであった。だが、英米の応用言語学が生み出した教授法はすべて英米製品である。当然ながら、日本の教育現場で用いるには不都合がある。そもそも、いままで日本で使われていた教授法との併用がなかなか難しい。

たとえば、英米の応用言語学を学んだ研究者や学生のなかには、日本の伝統的な英語教授法たる訳読法を時代遅れの間違った教授法と決めつける人が少なくないが、それは単に応用言語学が訳読法を学問的に研究したことがないからにすぎない。英米の応用言語学は、英語を母語とする教師が、英語を母語としない、多くの場合言語も人種も多様な生徒を前に授業をすることを基本モデルとして教授法を研究している。そもそも訳読法が成立し得ない授業環境が前提となっているのである。

いずれにせよ、「コミュニケーション」を中心に据えた新しい英語教育理念と教授法は、昭和四〇年代後半から五〇年代にかけて日本に持ち込まれ、都合のいい解釈と改造を施されつつ英語教育界に広まった。雑誌『英語教育』において論じられている教授法・教育理念を基に日本における英語教育観の変遷を調べた北和丈は、昭和四〇年から五〇年代前半の日本の英語教育観を次のように論じている。

驚くべきことに、東京オリンピックが終幕を迎え昭和四〇年代に入ると、それまで一世を風靡していた「実用」「役に立つ」などのキャッチフレーズはにわかに姿を消し始める。代わって徐々に形作られていったのは、英語による「自己表現」を目指すという方向性であった。

もっとも、この二つの方向性は矛盾するものではない。実用英語志向は、従来の英語教育における知識偏重を嫌い、むしろ実際の場面における運用に重きを置こうとしたのであり、その意味においては自己表現志向にも共通する部分がある。ただ、自己表現志向が少なくともその理念において新しかったのは、「実用英語」と称して学習者に役に立つ表現を「教え込む」のではなく、学習者の「主体性」を重視し、「自分の言いたいことを表現」することを目指した点であった。……

さて、この動向に関連してもう一つ見逃せないのは、自己表現志向を論ずる文脈で、偶然の一致とは思えないほど多く「コミュニケーション」という言葉が用いられていることである（吉田一衛「英語学習の主体性と創造性」昭和四七年一二月号・垣田直巳「Communicative Practice について」昭和四八年六月）。これ以前にもこの言葉は『英語教育』誌上でわずかにみられるが（大里忠「高校の英語教育と大学入試」昭和四五年九月号）、表記が「コミュニケイション」となったり communication となったりして一定しない上、別段流行した言葉でもなかったようである。昭和四〇年代半ばと言えば、海外では Hymes らによって Communicative Language Teaching の先駆的業績が発表され始めた時期であり、日本でもそれほど時を移さず紹介された（小池生夫「Communicative Competence と英語教授法の新しい方向」昭和五一年六月号）わけであるが、この当時から「自己表現」と「コミュニケーション」が強い結びつきを持って使われていたとすれば、近年の「コミュニケーション」というキャッチフレーズに「積極的」「自発的」などの意味合いが付与されていても不思議ではない。

（「『英語教育』に見る英語教育観の変遷――『実用』から『コミュニケーション』まで」、『英語教育』、二〇〇六年二月号、四七～四九頁）

英米から仕入れた「コミュニケーション」に余計な「自己表現」なる成分が加わっていたとすれば、すでにこの段階で怪しげな「コミュニケーション薬」が作られはじめていたことになる。こののち、「コミュニケーション」は、「文法」、「文学」、「読解」などの概念と対置され、「実用」、「英会話」、「生きた英語」、「国際理解」、「異文化理解」などと結びついていく。これについては、またあとで述べる。

平泉・渡部論争

「神武景気」、「いざなぎ景気」をはさむ戦後の高度成長時代も終わりを告げ、「コミュニケーション」が英語教育の合い言葉になりはじめたころ、のちに「平泉・渡部論争」の名で呼ばれることになる有名な論争が戦わされた。日本における英語問題に関して多くの示唆を与えてくれる論争なので、ここであらためて見ておきたい。

論争の発端は、昭和四九年四月、参議院議員の平泉渉《わたる》が「外国語教育の現状と改革の方向」と題する試案を自由民主党政務調査会に提出したことにある。まず、実業界のみならず政治家が英語政策の具体案を提示するようになったことに注目したい。これ以後、日本の英語政策は政治・行政主導で進められるようになる。

「平泉試案」の冒頭には、具体的方策を提案するに際しての基本的認識がつづられている。

わが国における外国語教育は、中等教育・高等教育が国民のごく限られた部分に対するものでしかなかった当時から、すでにその効率の低さが指摘されてきた。旧制中学・旧制高校を通じて、平均八年以上にわたる、毎週数時間以上の学習にもかかわらず、旧制大学高専卒業者の外国語能力は、概して、実際における活用の域に達しなかった。

今や、事実上全国民が中等教育の課程に進む段階を迎えて、問題は一層重大なものとなりつつある。それは第一に、問題が全国民にとっての問題になったことであり、第二に、その効率のわるさが更に一段と悪化しているようにみえることである。

国際化の進むわが国の現状を考え、また、全国民の子弟と担当教職者とが、外国語の学習と教育とのために払っている巨大な、しかもむくわれない努力をみるとき、この問題は今やわが文教政策上の最も重要な課題の一つとなっているといわねばならぬ。
（平泉・渡部、一九七五年、七〜八頁に転載された「平泉試案」からの引用）

すでに見たとおり、並の日本人が学校で毎週数時間程度の英語の授業を何年間受けたところで、英語を不自由なく「活用」するようになることは（「活用」の程度にもよろうが）そもそもきわめて困難なのだが、例によって教育にその責があるとの議論が繰り返されている。この概論に続いて、平泉は、高校以上の外国語（実質的に英語）教育を選択制にすること、やる気のある人間にのみ徹底した外国語教育を施すことで、当面国民の五パーセントほどの実用的な外国語使用者の育成を図るべきことなどを盛り込んだ提案をしている。

これに対して当時上智大学教授であった渡部昇一は、平泉試案が「始めの現状分析から結論に至るまで、すべて誤解と誤謬から成り立っている」として、『諸君！』誌上で痛烈な批判を行なった。日本の外国語教育は国民の知的訓練というきわめて重要な役割を担ってきたのであり、それを一部の人間のみに施すのは、いたずらに競争を激化させるだけの「亡国」の政策である、と。

これに続く『諸君！』誌上の論争は、平泉の実用主義対渡部の教養主義という対立の図式で捉えられることが多い。だが、小学校から英語を導入すれば、あるいは小・中・高・大が連携して英語教育カリキュラムを作成すれば日本人の英語力は向上するはずだという（それこそ誤解と誤謬から成り立つ）現在の日本の軽薄な英語教育論を踏まえて『英語教育大論争』を読んでみると、二人の意見がかならずしも真っ向から対立するほどのものではないことがわかる。それどころか、徹底した実用主義と捉えられがちな平泉の主張の中にも、現在の日本の英語狂乱を収める知恵を見ることができる。

たとえば、英語教育の成果は「全くあがっていない」と主張する平泉に対し、高度な翻訳・読解の伝統こそ英語教育の成功の証ではないかと言って渡部は反論するのだが、ここでは平泉が一般の日本人の英語教育を問題にしているのに対し、渡部はごく一部の語学エリートの業績を評価している。したがって、両者の主張はいずれも正しい。言い換えれば、二人はそれぞれ異なった視点から日本の英語教育を観察し、その所見を述べているのである。

また平泉は、その一見実用主義とも取れる「実際的能力」重視の提言に対する批判に応えて、自分の考える「実際的能力」は「会話能力」のことではなく、読み書きも含めた総合的な能力なのだと言って反論する。これまた納得のいく主張である。

百家争鳴状態の近年の浅薄な英語教育論から見れば、平泉と渡部の立場は意外なほどに近い。それもそのはず、平泉は外交官として、渡部は英語学者として、それぞれ本格的に外国語に取り組んできたのである。二人とも語学の何たるかは痛いほどわかっている。そのため、とくに英語の教授法や学習法に関して、二人はほとんど同じ認識を持っていると言っても過言ではない。

たとえば、外国語教育の成果があがっていないことの一つの理由として、平泉は「試案」において「英語という、全くわが国語とは語系の異なる、困難な対象に対して、欧米における同様な不効率な教授法が用いられていること」を挙げている。また渡部は、英語教師が英訳・英作文・文法を中心とした伝統的教授法に自信を持つべきだと説く。いずれの評言も、英米製の音声中心

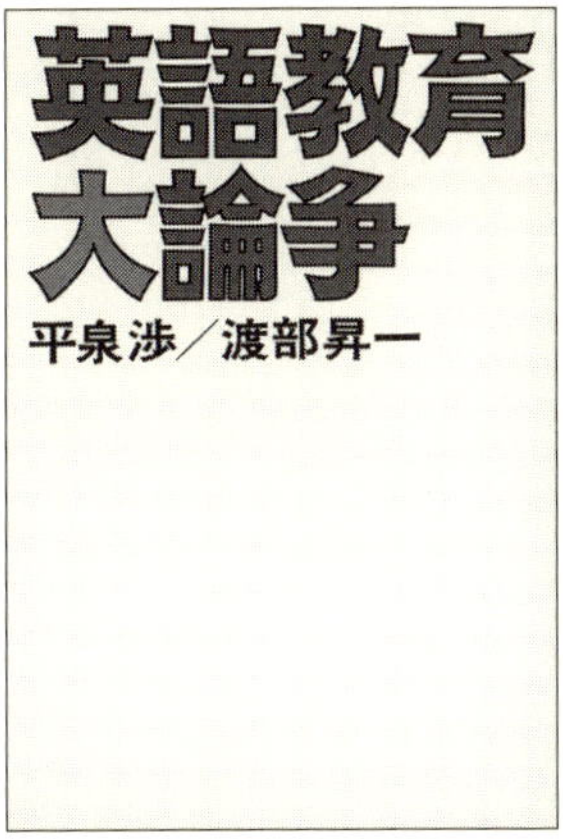

平泉・渡部論争をまとめた
『英語教育大論争』
（文藝春秋社）

主義的な教授法に対する違った角度からの批判となっている。

もう一つ、平泉と渡部が共有する議論の基盤として注目に値するのは、相当な情熱を持って努力するのでなければ、普通の日本人が英語の実用的な運用能力を身につけることなどできないという認識である。この認識が、平泉においては、高度な英語力の獲得を国民全員に求めても無駄だから、ごく一部の、やる気のある語学エリートの養成に力を入れるべきだとの主張になり、渡部においては、学校における英語教育は生徒の実用能力の開花を求めてはいけない、裏を返せば生徒の潜在的・基礎的な英語力の育成に力を入れるべきだとの主張になる。いずれも、今後の日本の英語教育のなかに組み込んでいくべき重要な考え方である。

英語関連学問分野の専門分化

平泉・渡部論争によって日本の英語教育をめぐる根本的・宿命的な問題が洗い出されはしたが、それによって英語教育の制度自体が大きく見直されることなく、「コミュニケーション」という不思議な理念だけが一人歩きを始める。そのような折、昭和五二年には中学校学習指導要領が改訂され、英語の授業時間は週三時間と定められた。一方で、同年と翌年にはそれぞれ米英からの英語指導助手（MEF, BETS）招致プログラムが始まり、教育現場に母語話者を投入して実用会話を重視した授業を行うことが英語教育の最新スタイルと考えられるようになった。

昭和五〇年代から昭和末にかけて、授業時間の不足に悩む教育現場が「コミュニケーション」という目標への道筋を模索するなか、英語関連学問分野の専門分化が進行する。英学から英語学、英文学への専門分化自体はすでに明治の中期にはじまり、その後もさまざまな形で分化を続けていたとはいえ、その分化は、多くの場合研究の方法論上の問題であり、分野間の境界線が研究者を分けることはなかった。岡倉由三郎は、英語・英文学者でありながら英語教育の指導者でもあった。市河三喜は英語学に中心を置きつつも、シェイクスピアの注釈書を書く英文学者でもあり、また岡倉と同じように英語行政を指導した。岩崎民平もまた辞書編纂者であると同時に、英文学者であり英語教育学者であった。『トリストラム・シャンディ』の名訳で知られる英文学者の朱牟田夏雄は、大学英語教育学会（JACET）の初代会長として昭和中期の英語教育において指導的な役割を果たした。ほかにも、昭和中期までに活躍した英語関係の学者・研究者のほとんどは、英語教師であると同時に、英語・英文学者であり、英語教育の指導者であった。

ところが、昭和後期以降、英語・英文学・英語教育関連分野の専門分化が進行するにつれ、学者・研究者の住み分けが始まった。英語で言うところの English studies のすべてを守備範囲とする学者・研究者に代わって、英文学者、米文学者、英語学者、英語教育学者、応用言語学者たちが登場してきたのである。専門分化自体は時代の必然であり、取り立ててとがめ立てするには当たらない。現在では、さらにシェイクスピア学者、フォークナー学者、十九世紀イギリス小説の専門家、生成文法学者、認知言語学者、コーパス言語学者、その他さまざまな専門家が、主に高等教育の現場を中心として働いている。

だが、昭和後期に起こった英語・英文学・英語教育関連分野の専門分化の一番の問題点は、その分野の専門家たちが、ほとんどの場合、それぞれの教育・研究機関において英語教師として働いているにもかかわらず、自らを英語教師よりも英語・英米文学・英語教育学者として位置づけるようになったということである。これはあくまで推測に過ぎないが、もしかしたら、英語では母語話者に太刀打ちできないから（もちろんこれは誤解であるけれども）、英語に関係する学問で勝負しようという意識がどこかにあったのかもしれない。いずれにせよ、英語を中心として生まれた学問は、この時代、さまざまな専門領域に遠心的に専門分化していき、本来それぞれを求心的につなぎとめていた英語教育・学習に対する関心が希薄になってしまった。

認知言語学者のマーク・ターナー（Mark Turner）は、一九九一年の時点で、「英語関連の職業に欠如しているのは英語である」（'what is missing from the profession of English is *English*'）

と述べている（Turner, 1991: 6）が、日本においてこの現象は、昭和後期に起こったと考えていい。そして、それぞれの英語関連諸分野における研究が充実する一方、肝心の英語をめぐっては、実用か教養か、文法かコミュニケーションかといった不毛な二元論以上に議論が深まることはなかった。

昭和後期の「受験英語」

江利川春雄が原仙作『英文標準問題精講』（旺文社）の出典一覧を元に作成した「入試によく出た作家ベスト一〇」の表（「英語教科書から消えた文学」、『英語教育』、二〇〇四年一〇月増刊号）によれば、『英文標準問題精講』の一九六二年版における頻出作家ベスト三は、第一位バートランド・ラッセル（十五回）、第二位サマセット・モーム（十二回）、第三位オールダス・ハックスリー（十回）、一九八二年版によれば、第一位バートランド・ラッセル（十四回）、第二位オールダス・ハックスリー（九回）、第三位サマセット・モーム（七回）となっている。ハックスリーとモームはイギリスの小説家であり、多才なラッセルの位置づけは難しいが、彼が哲学者としてノーベル文学賞を受賞していることを考えれば、一九六〇年代から八〇年代初期の入試の素材の多くは文学から採られていたと考えて間違いない。とくにラッセルの人気は絶大で、『ラッセル予想問題と対策』（もりやつとむ編著、早稲田予備校、一九七〇年）などという参考書が出版されたくらいである。

昭和四〇年代から五〇年代にかけて、文学的な文章を素材とする読解問題と一緒によく出題されたのが、文法書き換え問題と英文和訳問題である。たとえば、昭和五一年の東京外国語大学の二次試験を見てみよう。発音記号で示された語を普通のつづりに直す問題に続き、構文の書き換え問題が出題されている（次頁参照）。

これに続く設問は、二つとも下線部分を日本語に訳せ、というもの。文学を素材とする読解問題も、文法書き換え問題も、英文和訳問題も、いまでは（ほとんど何の根拠もなく）よくない問題ということになっている。昭和後期から現在までの四半世紀ほどの間に、英語教育における大きな方針転換があったことが窺える。

なお、私は昭和四〇〜五〇年代に英語修業を行なったため、この時代に日本の英語事情がどのように変わったかを実体験として知っているのだが、その知見はあくまで個人的なものなので、「あとがき」に代わるものとして本書の末尾に記したい。

❷ 1 ～ 10 の各文の意味を変えないようにして、与えられた書き出しで文を完成せよ。（指定された書き出し部分は解答欄にも与えられているから、それに続く部分だけを記入すること。）

1 He was tired after the game, but he still prepared his lessons for two hours.
→ Tired ....

2 We were anxious that he should have every possible advantage.
→ We were anxious for ....

3 They forced the chest open but were disappointed when they found it empty.
→ They forced the chest open only ....

4 It's two weeks since he last had a good night's sleep.
→ He ....

5 As this book is written in simple English, it is suitable for beginners.
→ This book, ...

6 They were sensible to stay indoors.
→ It ....

7 We whispered to prevent them from overhearing us.
→ We whispered so ....

8 We cannot possibly forgive him.
→ We find it ....

9 Is it likely that he will get well soon?
→ Is he ....

10 I do not want any disturbance to occur.
→ I do not want there ....

（正解は、それぞれ 1 as he was after the game, he still prepared his lessons for two hours; 2 his having every possible advantage; 3 to be disappointed when they found it empty *or* to find it empty to their disappointment; 4 has not had a good night's sleep for (the last) two weeks; 5 written in simple English, is suitable for beginners; 6 was sensible of them to stay indoors; 7 that they might [could] not overhear us *or* as to prevent them from overhearing; 8 impossible to forgive him; 9 likely to get well soon?; 10 to be any disturbance となる。）

迷走するコミュニケーション中心主義

前節において「受験英語」との関連で触れた文学・読解・文法・和訳忌避の傾向を決定的にしたのは、昭和後期から「実用」、「英会話」、「生きた英語」、「国際理解」、「異文化理解」など魅力的な粉飾を施された「コミュニケーション」の理念である。言語本来の機能がコミュニケーションである以上、「言語教育においてコミュニケーションが重要である」という理念自体は、まさに類語反復《トートロジー》とも言えるほどに自明であり、反駁することはできない。だが、昭和後期以降の「コミュニケーション」の問題点は、それが文法・読解学習を排斥する運動のスローガンとして用いられたということである。

コミュニケーションは言語の主要な機能である。だが、コミュニケーションにもさまざまなレベルがある。高度なコミュニケーションを図ろうとすれば、当然ながら言語の繊細かつ正確な運用が必要となってくる。まずは文法・読解の基礎を築いてからその運用の能力を育成していくのが正しい手順であり、その伝統的な学習法で十分なコミュニケーション能力が育成できなかったとすれば、それは文法・読解の訓練が不十分であるからにほかならない。

しかしながら、日本の教育現場においては、授業時間数、教師の指導力、生徒の学習意欲、その他さまざまな制約があって、文法、読解、作文、会話などの指導をバランスよく行ないつつ、生徒の総合的な英語力を、本来の意味でのコミュニケーションを可能ならしめるような高度なレベルに高めていくことがきわめて難しい。あちらを立てればこちらが立たずという状況のなかで、「実用」か「教養」か、「文法」か「コミュニケーション」かという二項対立が生じ、英語教育に関わる者たちは、それぞれの陣営に分かれてお互いを批判し合うことになった。そして、そのような不毛な対立のなかで、「文法を気にせずにコミュニケーションを図ることが重要である」、「文法的な間違いを気にするな」という、学習の基本に反する言説が成立したのである。

もっとも、教育の現場でよく耳にするこの言説の出所を明確に特定することは難しい。コミュニカティブ・アプローチを奉じる学者にしても、最初から間違いを奨励するような教授法を提唱したわけではない。だが、文法が苦手な生徒をどう指導するかを研究するなかで、「文法的な正確さよりもコミュニケーションを図ろうとする態度を重視すべきである」という主張がなされはじめたのは事実である。

今英語教師をしている人たちの大部分は、文法を中心とした授業体系で英語を教えられ現在に至っている。したがって、その授業はどうしても文法中心になりがちで、必然的にそういう教師に習った生徒たちは「文法が大切だ。自分は文法がわからないから英語ができないのだ」という気持ちになってしまう。

しかし、文法はそんなに大切なものであろうか。

近ごろは海外との交流もさかんになり、そういう方面で活躍している多くの人たちはよく言う。外人（この場合は英語を母国語としている以外の国の人たちのことである）は、文法も発音も正しくないことが少なくないが、日本人よりはるかによくしゃべり、はるかに自分の意図することをほかの国の人たちに理解させている、と。

筆者はほとんど毎年英語専攻以外の学生の英作文の授業を受け持っているが、語順もつづりも滅茶苦茶で何を言おうとしているのかさっぱりわからない者というのもいることは確かであるが、それはクラスの1割ほどで、あとの者についてはその内容は何とかわかる。しかし、よく私たち英語の教師が気にするような三単現のｓや、冠詞などという点に目をつけると、ほぼ完全と言えるのは1人か2人である。

以上の例でもわかるであろうが、コミュニケーションのためには文法はごく一部の役割しか果たしていない。現在では英語学習の最終的目的は諸外国とのコミュニケーションを成立させるためであることに異論をはさむ人はほとんどいないであろう。したがって、私たちは文法観を改める必要があるのである。
（羽鳥博愛「英語への心理的抵抗をとり除く」、『英語教育』、一九八七年一〇月号、八〜一〇頁）

「コミュニケーションのためには文法はごく一部の役割しか果たしていない」というのは学理的に考えても完全な誤りであり、文法を習得してこそはじめて高度なコミュニケーションが図れるようになるのだが、いずれにせよこのような議論が教育現場で拡大解釈され、「文法的な間違いを犯してもいい」、「文法を気にするな」という言説に形を変えたと考えられる。

第五章

平成の英語

反英語帝国主義論

元号が平成と改まった一九八九年にベルリンの壁が崩壊すると、その二年後にはソ連が崩壊し、冷戦は終結した。ここにアメリカを中心とした西側の最強言語たる英語の世界的優位が決定的となった。英語の本家本元たるイギリスは、この機に乗じて英語産業の振興を図るべく、ブリティッシュ・カウンシルを通じて積極的な世界戦略に乗り出した。まずは、一九九〇年に世界各国の英語研究者同士の友好を図り、円滑な英語教育研究を促すための情報交換のプログラム（ELTeCS）を作り、ベルリンの壁崩壊直後の東ヨーロッパに最初の拠点を設立してその活動を開始した。また、「英語二〇〇〇プロジェクト」を立てて、英語の市場調査を行なった（Graddol, 1997 参照）。イギリスの主要な大学は、ブリティッシュ・カウンシルなどの協力を得て留学生獲得に乗り出した。

平成の日本の英語論は、この英語の世界的優位を受けて日本人が英語とどう向き合えばいいかを議論の中心としている。そして、その議論の振幅が大きく、議論の延長として国家規模で取り組むべき壮大な構想が提唱される傾向にあるのがこの時代の英語論の特徴である。

まず最初に登場したのは、この不健全な帝国主義的英語支配を打破すべきであるとの考え方、いわゆる「反英語帝国主義論」である。大石俊一の『「英語」イデオロギーを問う――西欧精神との格闘』（一九九〇年）の冒頭には、平成初頭における日本人の英語狂乱の様子がよく描かれているので、以下に引用しておく。

> 英語、英語、英語の日本である。近年はとくにはなはだしい。雪月にっき氏『くたばれ！　英会話』の活写するとおりである。本屋の棚にあふれる英語・英会話学習書。巷に目立つ英会話教室の看板。大新聞の全一面に広告される新々英会話練習方法。英語など身につくわけでもないホームステイとか、大学の企画する海外旅行。企業あげての英会話能力テスト。日本語もたどたどしい幼児お目当てのキッズ・イングリッシュ・スクール。掃いて捨てるほどある英文科。氾濫するカタカナの新社名。〈国際化〉の必要などが叫ばれて、とくに、英語熱は狂気じみてきた。日本人はまことに「英語強迫神経病患者」なのであり、また、「英会話病患者」なのである。

大石は、このような英語狂乱に典型的に見られる「植民地状況」あるいは「英語支配」を打破するために、特定の言語の文化・民族的支配を越えた言語使用と文学的創作の理念たる「言語ユートピアニズム」を提唱する。そして、その理想的な実践例として、アイルランドの文学者ジェイムズ・ジョイスの（とくに『フィネガンズ・ウェイク』における）英語・英文学破壊を挙げる。この後も大石（一九九七年、二〇〇五年）が一貫して提唱する「言語ユートピアニズム」と「言語平等主義」は、理想主義特有の弱点はあるものの、現在の（あいかわらずの）英語狂乱のなかで再考に値する理念である。

大石の活動と相前後して、日本では中村敬（一九八九年、一九九四年）、津田幸男（一九九〇年、一九九三年）、鈴木孝夫（一九九〇年）、英語圏ではロバート・フィリップソン（Phillipson, 1992）とアラステア・ペニクック（Pennycook, 1994, 1998）が英語支配に対する問題提起を行なった。

面白いことに、日本で英語支配を問題にする人、あるいは英語推進論に対して警鐘を鳴らす人の多くは、何らかの形で外国語研究・教育に携わってきた人たちであり、なかでも英語教育関係者がもっとも多い。代表的な論客を見ても、鈴木は言語社会学者、大石、中村、津田のいわゆる「反英語帝国主義三人組」は英語・英文学教育関係者である。おそらくは彼らが長年にわたる外国語研究・教育の経験から外国語学習の難しさ、言葉の怖さを熟知しているためと思われるが、その反英語帝国主義論には、援用される文献の多くが英語で書かれたものであるという宿命的な自家撞着がある。つまり、英語支配のイデオロギーは、英語・英文学研究の体制のなかにどっぷりと浸かり、それによって高度の英語力を身につけたからこそ見えてくるものでもある。大石が重視するジョイスの言語革命にしても、ジョイスがイギリス人も適わぬほどの英語の使い手として（おそらくは本人の意に反して）英文学の正典に納まったからこそ注目されているという逆説的な側面がある。

英語支配に対する問題提起は、英語偏重主義に対する批判という形でいまだになされているものの、反英語帝国主義論は、なかなか具体的な政策に結びつきにくいという弱点のゆえに、大衆の英語狂乱、共通語としての英語の利便性を重視する現実主義、そして言葉の怖さを知らない「有識者」の軽率な政策提言の前に苦戦を強いられている。

語学行政に入り込んだ実践コミュニケーション主義

反英語帝国主義論者たちが英語支配の危険性を指摘するなか、英語がこれだけ強大な言語となってしまった以上、英語偏重主義を問題にするよりも、英語を国際対話のための道具として捉えるべきではないかとの議論が次第に優勢になってきた。そのような議論の流れに乗って、昭和後期の英語教育界を席巻した「コミュニケーション」が、ついに語学行政のお墨付きを得るに至った。文部省は、平成一〇（一九九七）年と平成一一年にそれぞれ中学校学習指導要領、高等学校学習指導要領を改訂し（それぞれ平成一四、一五年から実施）し、外国語の指導要領にオーラル・

コミュニケーション重視の方針を盛り込んだ（ただし、「オーラル・コミュニケーション」という科目の設置自体は平成元年にさかのぼる）。中高それぞれの指導要領において、外国語科目の目標は次のように定められている。

外国語を通じて、言語や文化に対する理解を深め、積極的にコミュニケーションを図ろうとする態度の育成を図り、聞くことや話すことなどの実践的コミュニケーション能力の基礎を養う。

（中学校学習指導要領「外国語」）

外国語を通じて、言語や文化に対する理解を深め、積極的にコミュニケーションを図ろうとする態度の育成を図り、情報や相手の意向などを理解したり自分の考えなどを表現したりする実践的コミュニケーション能力を養う。

（高等学校学習指導要領「外国語」）

さらに、『高等学校学習指導要領解説——外国語編・英語編』の「改善の基本方針」の項では、指導要領改訂の理念が次のように説明されている。

（ア）これから国際社会に生きる日本人として、世界の人々と協調し、国際交流などを積極的に行っていけるような資質・能力の基礎を養う観点から、外国語による実践的コミュニケーション能力の育成にかかわる指導を一層充実する。その際、外国語の学習を通して、積極的にコミュニケーションを図ろうとする態度と、視野を広げ異文化を理解し尊重する態度の育成を図る。

（イ）実践的コミュニケーション能力の育成を図るため、言語の実際の使用場面に配慮した指導の充実を図る。

（ウ）国際化の進展に対応し、外国語を使って日常的な会話や簡単な情報の交換ができるような基礎的・実践的なコミュニケーション能力を身に付けることがどの生徒にも必要になってきているとの認識に立って、中学校及び高等学校の外国語科を必修とすることとする。その際、中学校においては、英語が国際的に広くコミュニケーションの手段として使われている実態などを踏まえ、英語を履修させることを原則とする。

『高等学校学習指導要領解説――外国語編・英語編』より

MEXT 1―9940

高等学校学習指導要領解説

外国語編
英語編

平成11年12月

文部科学省

に，選択した言語の働きが生じる典型的な言語の使用場面を選択して組み合わせたりすることを意味している。

2　［言語の使用場面の例］の取扱い

(ア)　個人的なコミュニケーションの場面：
電話，旅行，買い物，パーティー，家庭，学校，レストラン，病院，インタビュー，手紙，電子メールなど

個人的なコミュニケーションの場面については，その多くが中学校においても扱われている。

高等学校においては，さらに，様々な場面での個人の間のくだけた日常的な対話に加えて，やや改まった「インタビュー」を含めたり，音声だけではなく，「手紙」，「電子メール」など文字による個人の間のコミュニケーションも含めて指導する。

(イ)　グループにおけるコミュニケーションの場面：
レシテーション，スピーチ，プレゼンテーション，ロール・プレイ，ディスカッション，ディベートなど

グループにおけるコミュニケーションの場面については，中学校においても，言語の働きの例として「話し合う」及び「発表する」が挙げられ指導されている。

高等学校においては，グループにおけるより広範なコミュニケーション場面を設定して指導することが求められているが，これらはあくまで言語の使用場面の設定に過ぎない。実際には，場面の中で言語が使用されることが重要なのであって，場面そのものの設定が目的とならないように注意しなければならない。

ここに示されている言語の使用場面は，それぞれ次のようなことを意味している。

「レシテーション」：人前で，自分が書いたものではない文章などを暗唱すること。

「スピーチ」：人前で，自分の考えなどをまとめて伝えること。

「プレゼンテーション」：人前で，情報や考えなどを整理して分かりやすく提示すること。

「ロール・プレイ」：人前で，ある役割になりきって演じること。

「ディスカッション」：あるテーマについて，情報を交換したり，グループの意見をまとめることを目的に話し合うこと。

「ディベート」：ある論題について，肯定側及び否定側に分かれて，聞き手を説得することを目的として議論すること。

(ウ)　多くの人を対象にしたコミュニケーションの場面：
本，新聞，雑誌，広告，ポスター，ラジオ，テレビ，映画，情報通信ネットワークなど

多くの人を対象にしたコミュニケーションの場面については，受信と発信という双方向的なコミュニケーションの場面に加えて，主として受信を目的としたこれらのコミュニケーションの場面を設定することも必要である。また，音声によるものと文字によるものとの両方がある。

このことは，中学校においても指導されているが，高等学校においては，より広範なメディアによるものを指導の対象とする。

(エ)　創作的なコミュニケーションの場面：
朗読，スキット，劇，校内放送の番組，ビデオ，作文など

高等学校においては，上記(ア)～(ウ)の三つの言語の使用場面に加えて，

異常と言ってもいいくらいの「コミュニケーション」へのこだわりようである。おそらくは、従来の文法・読解中心の英語教育が実践的コミュニケーション能力の育成に寄与するところが少なかったとの認識に基づいて、これからはそこに重点を置くことをアピールしたものだろう。そして、さらに中学校・高等学校学習指導要領解説を読み進めていくと、何とか実践的コミュニケーションを可能ならしめるような英語力の育成を目指そうとしていることが窺える（個人的には、『高等学校学習指導要領解説――外国語編・英語編』中、「言語の使用場面の例」を解説した部分で、「グループにおけるコミュニケーションの場面」が「レシテーション、スピーチ、プレゼンテーション、ロール・プレイ、ディスカッション、ディベートなど」となっているのを見て、「いったい日本の子供たちを何人《なにじん》にする気だ!?」と思った）のだが、言語材料に関するそれぞれの説明を見ると、どうしても首を傾げざるを得ない。

「語、連語及び慣用表現」については、指導する語の総数を九〇〇語程度とし、その中に含めるべき語として基本的な一〇〇語を示した。また、今回新たに「慣用表現」を加え、より実践的で活発な言語活動が可能となるよう配慮した。

（『中学校学習指導要領解説――外国語編』第二章第二節）

イ　語は、「英語Ⅰ」の内容の（3）のイの範囲内で、1の目標を達成するのにふさわしいものを適宜選択し、連語は基本的なものを選択して指導する。

「「英語Ⅰ」の内容の（3）のイの範囲内」とは、「英語Ⅰ」の内容の（3）のイに示す語数のことで、中学校で学習した語に四〇〇語程度の新語を加えた数のことである。

（『高等学校学習指導要領解説――外国語編・英語編』
第二章第一節「オーラル・コミュニケーション」）

イ　語は、「英語Ⅱ」の内容の（3）のイの範囲内で、1の目標を達成するのにふさわしいものを適宜選択し、連語は基本的なものを選択して指導する。

「「英語Ⅱ」の内容の（3）のイの範囲内」とは、「英語Ⅱ」の内容の（3）のイに示す語数の範囲内のことで、中学校で学習した語と「英語Ⅰ」の四〇〇語程度の新語を加えた数に、更に五〇〇語程度の新語を加えた数の範囲内のことである。ただし、「オーラル・コミュニケーションⅡ」は、聞くこと及び話すことを中心にしたコミュニケーション能力を伸ばすことを目標としていることを十分に考慮し、それにふさわしいコミュニケーション活動を行うために必要な語を取り上げることが重要である。

（同書第二章第二節「オーラル・コミュニケーションⅡ」）

イ　語は、中学校で学習した語に四〇〇語程度の新語を加えるものとし、連語は基本的なものを選択して指導する。

「中学校で学習した語に四〇〇語程度の新語を加える」とは、中学校で学習した九〇〇語程度までの語に四〇〇語程度の新語を加えることを意味し、合わせて一三〇〇語程度までの語ということになる。

（同書第二章第三節「英語Ⅰ」）

イ　語は、「英語Ⅰ」の内容の（3）のイに示す新語の数に五〇〇語程度までの新語を加えるものとし、連語は基本的なものを選択して指導する。

「「英語Ⅰ」の内容（3）のイに示す新語の数」とは、中学校で学習した語に四〇〇語程度の新語を加えた数である。したがって、「英語Ⅱ」では、この上に更に五〇〇語程度までの新語を加えることになる。

（同書第二章第四節「英語Ⅱ」）

ところどころで曖昧な表現が用いられているものの、要するに中学校で学習するのは九〇〇語程度、それに加えて高等学校のオーラル・コミュニケーションⅠ・Ⅱと英語Ⅰ・Ⅱで学習するのは一八〇〇語程度、合計で二七〇〇語程度ということになる。すでに述べたとおり、これは学習指導要領史上、最少の学習新語数である（伊村、二〇〇三年、一一七頁参照）。英語の母語話者が日常的に使用する語数が約二万と言われているから、中高での英語教育が、学習指導要領が定めるとおり理想的に行われたとしても、とてもそれで生徒が「実践的コミュニケーション能力」を身につけるのは無理だと言える。

私自身は、中高では、直接的な実用に供せずとも、のちのち個々人がそれぞれの目的意識に応じて自分に必要な英語力を積み上げるための文法・読解の基礎力を与えるべき——逆に言えば、中高でできるのはせいぜいその程度のこと——だと思うが、六年間の英語教育を終えた段階で生徒が実践的な英語力を身につけていなければならないという、国民の悲願をくみ上げようとしたかのような無理な目標設定と実現可能な教育内容との齟齬が、教育現場に混乱をもたらしている。そしてその混乱は、この後実施される英語教育行政のなかでさらにその度合いを増していくことになる。

英語第二公用語論

日本人にとって、英語はきわめて習得しにくい言語である。それは語族や言語構造の違いにもよるものであり、言葉を使う前提が違うためでもある。また、日本がほぼ完璧な単一言語国家であることとも無縁ではない。ほとんどの時間日本語だけを用いて生活している状況の下、週に数時間程度の英会話の練習などは焼け石に水だと言ってもいい。多くの人は、日本人の英語力の低さを英語教育のせいにしたがるが、すでに見たとおり、百年以上にわたって教育改革と教授法研究がなされたにもかかわらず、日本人の英語力に目立った変化は見られない。実用コミュニケーション中心の教育が行なわれるようになってからは、むしろ日本人の英語力は低下の一途を辿っていると言ってもいいであろう。公教育で日本人全員をまともな英語の使い手にするためには、逆に日本語がおかしくなるほど英語漬けにする必要があるだろうが、そのような教育では本末転倒だ。だから、日本人全員を中途半端なピジン英語（商売だけで通じる破格の英語）話者にするようなオーラル・コミュニケーション中心の授業でなく、圧倒的な日本語の母語環境のなかでも効率よく教えられる基礎的な文法・読解中心の授業を行ない、あとは各自ご努力ください、というのがもっとも理に適った英語教育であろうと私は思う。

だが、英語が世界的に優位に立ったいま、日本が二一世紀を生き抜くためには日本人全員がいっぱしの英語の使い手にならなければいけないと考える人がいる。そのような英語推進論者の多くは、日本の英語受容・教育史に関して無知もしくは無関心であり、みずからの英語体験をもとに日本の英語教育を否定的に捉えている。そういう英語推進論者が政治的な力を持つと、語学行政に対して理不尽な提言を行なうことがある。その代表的な例が、平成一二（二〇〇〇）年一月の小渕恵三首相（当時）の諮問機関「21世紀日本の構想」懇談会（河合隼雄座長）による「英語第二公用語化」の提言である。

この懇談会は、最終報告書の総論「日本のフロンティアは日本の中にある」の「グローバル・リテラシー」の項で次のように論じている。

グローバル化は、旧来の制度、慣習、既得権などにとらわれない時代の到来でもある。そこでは、個々人が国境を越えて新たな挑戦に挑む機会が大きく広がる。しかし、そのためには情報を瞬時に自在に入手し、理解し、意思を明確に表明できる「世界にアクセスする能力」「世界と対話できる能力」を備えていなければならない。個人がそうした能力、つまり「グローバル・リテラシー」（国際対話能力）を身につけているかどうかは、彼または彼女が21世紀の世界をよりよく生きるかどうかを決めるだろう。

この醜悪な日本語で説明される「グローバル・リテラシー」なる能力の育成を図るために、懇談会は次のように提言する。

長期的には英語を第二公用語とすることも視野に入ってくるが、国民的議論を必要とする。まずは、英語を国民の実用語とするために全力を尽くさなければならない。これは単なる外国語教育問題ではない。日本の戦略課題としてとらえるべき問題である。

（第一章「総論」Ⅳ－１－（２））

すでに国際化の進行とともに、英語が国際的汎用語化してきたが、インターネット・グローバリゼーションはその流れを加速した。英語が事実上世界の共通言語である以上、日本国内でもそれに慣れる他はない。第二公用語にはしないまでも第二の実用語の地位を与えて、日常的に併用すべきである。

（第六章「第一分科会報告書」Ⅳ－3「国際対話能力（グローバル・リテラシー）のために」）

年頭の衝撃的な懇談会提案を受けて、平成一二年後半に入って『月刊言語』（八月号、大修館）、『英語青年』（九月号、研究社）、『通販生活』（秋特大号、カタログハウス）の三誌が相次いで英語公用語論をめぐる特集記事を組んだ。八月には、上記懇談会の委員であり、英語公用語化の提言の仕掛人とも目される船橋洋一の『あえて英語公用語論』（文藝春秋）も出版された。

結局、英語第二公用語論は国民の支持を得ることなく、この提言をめぐる騒動はこの後急速に沈静化していく。しかしながら一方で、国民の愛憎相半ばする英語への熱い思いに後押しされるかのように、英語をめぐる行政的な動きは慌ただしさを増していくのである。

「英語が使える日本人」の育成

オーラル・コミュニケーション重視の方針を盛り込んだ中学校学習指導要領が実施に移された平成一四年、文部科学省(平成一三年に文部省が科学技術庁の一部を取り込んだ形で成立)は小学校の総合的な学習の時間に「国際理解」のための「外国語会話」と称して英会話を導入した。また、「子供たちが二一世紀を生き抜くためには、国際的共通語となっている『英語』のコミュニケーション能力を身に付けることが必要」であるとの認識に基づいて、「『英語が使える日本人』の育成のための戦略構想」を公表、センター試験へのリスニング・テストの導入、「スーパー・イングリッシュ・ランゲージ・ハイスクール(SELHi)」の指定、教員研修、外国語指導助手の有効利用をはじめとする施策(案)を打ち出し、翌年三月にはそのための「行動計画」を策定して、その行政的な実施に乗り出した。

水野稚は、同「戦略構想」と「行動計画」には、平成一二年に経団連が行なった「グローバル時代の人材育成について」という提言の内容が色濃く反映されていると指摘する。たとえば、小・中・高における英会話を重視した英語教育、小学校段階からの英語教育の開始、英語教員採用試験におけるTOEIC・TOEFLの活用、実用的な英語能力に熟達した民間人の採用、大学入

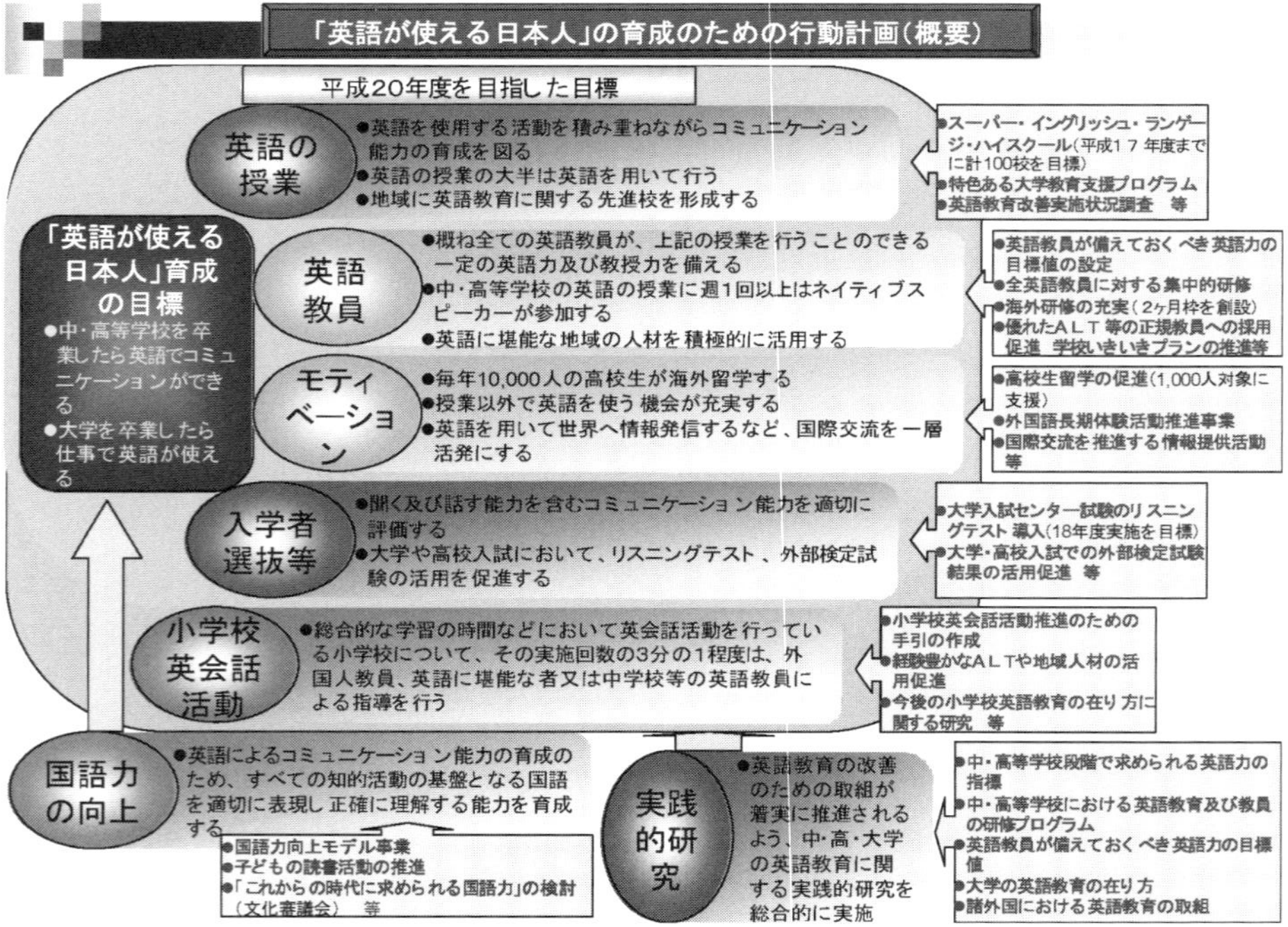
「英語が使える日本人」の育成のための行動計画（概要）
平成20年度を目指した目標
英語の授業
●英語を使用する活動を積み重ねながらコミュニケーション能力の育成を図る
●英語の授業の大半は英語を用いて行う
●地域に英語教育に関する先進校を形成する
●スーパー・イングリッシュ・ランゲージ・ハイスクール（平成17年度までに計100校を目標）
●特色ある大学教育支援プログラム
●英語教育改善実施状況調査　等
「英語が使える日本人」育成の目標
●中・高等学校を卒業したら英語でコミュニケーションができる
●大学を卒業したら仕事で英語が使える
英語教員
●概ね全ての英語教員が、上記の授業を行うことのできる一定の英語力及び教授力を備える
●中・高等学校の英語の授業に週1回以上はネイティブスピーカーが参加する
●英語に堪能な地域の人材を積極的に活用する
●英語教員が備えておくべき英語力の目標値の設定
●全英語教員に対する集中的研修
●海外研修の充実（2ヶ月枠を創設）
●優れたALT等の正規教員への採用促進　学校いきいきプランの推進等
モティベーション
●毎年10,000人の高校生が海外留学する
●授業以外で英語を使う機会が充実する
●英語を用いて世界へ情報発信するなど、国際交流を一層活発にする
●高校生留学の促進（1,000人対象に支援）
●外国語長期体験活動推進事業
●国際交流を推進する情報提供活動　等
入学者選抜等
●聞く及び話す能力を含むコミュニケーション能力を適切に評価する
●大学や高校入試において、リスニングテスト、外部検定試験の活用を促進する
●大学入試センター試験のリスニングテスト導入（18年度実施を目標）
●大学・高校入試での外部検定試験結果の活用促進　等
小学校英会話活動
●総合的な学習の時間などにおいて英会話活動を行っている小学校について、その実施回数の3分の1程度は、外国人教員、英語に堪能な者又は中学校等の英語教員による指導を行う
●小学校英会話活動推進のための手引の作成
●経験豊かなALTや地域人材の活用促進
●今後の小学校英語教育の在り方に関する研究　等
国語力の向上
●英語によるコミュニケーション能力の育成のため、すべての知的活動の基盤となる国語を適切に表現し正確に理解する能力を育成する
●国語力向上モデル事業
●子どもの読書活動の推進
●「これからの時代に求められる国語力」の検討（文化審議会）　等
実践的研究
●英語教育の改善のための取組が着実に推進されるよう、中・高・大学の英語教育に関する実践的研究を総合的に実施
●中・高等学校段階で求められる英語力の指標
●中・高等学校における英語教育及び教員の研修プログラム
●英語教員が備えておくべき英語力の目標値
●大学の英語教育の在り方
●諸外国における英語教育の取組

文部科学省が発表した「『英語が使える日本人』の育成のための戦略構想」より

試センターにおける英語リスニング・テストの実施、企業の採用・昇進における英語重視姿勢の明確化、国語によるコミュニケーションの強化などの経団連提言は、それぞれ「戦略構想」と「行動計画」における小・中・高における実践的なコミュニケーション能力の重視、小学校の英会話活動支援方策、英語教員が備えておくべき英語力の目標値の設定、英語に堪能な地域社会の人材の活用促進、外国人（ネイティブ）の正規教員への採用の促進、大学入試センター試験でのリスニング・テストの導入、企業・官公庁における「使える英語力」の重視、国語を適切に表現し正確に理解する能力の育成の提言に対応しているという（「戦後日本の英語教育政策と経済界」『日本英語教育史学会における口頭発表』、二〇〇六年）。

和田稔は、次節で述べる小学校英語教育に関し、文科省の政策決定において産業界からの圧力が強く影響していると指摘しているが（「小学校英語教育、言語政策、大衆」、大津由紀雄編著、二〇〇四年）、同じ経済界からの圧力の下に、「戦略構想」と「行動計画」という「日本の外国語教育政策の根幹に関わる重要な政策が、きわめて短時間に、トップダウンで策定された」（江利川春雄「英語『戦略計画』の批判的考察」、『中部地区英語教育学会紀要』、二〇〇四年、三二一～三二八頁）とすれば、この政策がそれまでの語学政策とさまざまな点で食い違っていることも驚くには当たらない。学習指導要領と照らし合わせて見ただけでも、江利川（同書）が指摘する

指導要領と実用英検の語彙の比較

学習指導要領の上限語彙数	実用英検の語彙数
中学三年間で約900語	3級　約2100語
中学＋高校で約2700語	2級　約5100語

（江利川、同書）

とおり、「『英語が使える』日本人を本気で育成せよと言うのであれば、なぜ新指導要領で中学校の外国語時数を週四時間から三時間に削減したの」か、まったくもって疑問である。また、設定到達度の不整合も著しい。

学習到達目標の基本となる語彙数において、両者の間には隔絶したギャップがある。戦略計画は生徒の到達目標を「中学卒業者の平均が英検3級程度」、「高校卒業者の平均が英検準2級～2級程度」と定めている。しかし、新里（「英語運用能力の段階的達成基準を示す」、『英語展望』第一一〇号、十四～十八ページ、英語教育協議会、二〇〇三）が指摘しているように、語彙数では両者には二倍以上の開きがあるのである（表参照）。……

このような矛盾にもかかわらず、「戦略構想」は実現し、「行動計画」は現在進行中である。平成一七年度から大学入試センター試験に英語のリスニング・テストが導入された。そのための使い捨てICプレーヤーの製造に掛かった費用は、総額で十六億円に昇ったという（鳥飼玖美子、二〇〇六年）。この構想と計画が、本当に「英語が使える日本人」の育成という形で結実するのかどうかを見極めるには、少なくともあと数年はかかりそうである。

小学校英語教育のゆくえ

文科省は、平成に入ってから、経済・産業界や保護者の要望に後押しされる形で小学校への英語導入を進めてきたが、平成一六年三月、中央教育審議会の初等中等教育分科会教育課程部会に外国語専門部会を設置して小学校英語の教科化の検討を始めた。

ベネッセ未来教育センターと朝日新聞社が平成一六年初頭に共同で行なった調査によれば、「小学校での英語学習導入の取組み」について、保護者の四十九％が「賛成」、三十八％が「どちらかといえば賛成」の意向を示したという。また、同年六月に文部科学省が公立小学校の児童の保護者を対象として行なった調査によれば、その七割強が小学校英語必修化に賛成票を投じた。調査方法によって多少のぶれはあるだろうが、この時点では、小さな子供を持つ親のほぼ七、八割が小学校への英語導入に期待していたと考えて間違いない。

あえて「この時点では」と書いたのにはわけがある。同年一二月、日本の少年少女の学力低下に関する衝撃的な報道がなされたことは我々の記憶に新しいところである。経済協力開発機構（OECD）の調査結果によれば、日本の十五歳男女の読解力は前回調査時の八位から十四位に急低下していた。前回一位の「数学的応用力」も六位に転落した。さらに、この結果に追い打ちを掛けるかのように、国際教育到達度評価学会（IEA）の調査でも、日本人小中学生の数学と理科における学力低下傾向が明らかになった。

この調査結果を受け、文科省は急遽「ゆとり教育」の見直しや授業時間の増加を検討しはじめた。小学校への英語導入に対する反対論も一気に勢いを増した。鈴木孝夫、國弘正雄、大津由紀雄、鳥飼玖美子といった日本を代表する英語の使い手・研究者は、英語学習の難しさ、言葉の怖さを熟知しているためか、早くから小学校への英語導入に対して反対の立場を表明していたが、文部科学大臣あての共同提言、シンポジウムでの発言、著作を通じ、反対論の声音を強めた。

ところが、中教審の外国語専門部会は、一貫して小学校への英語の導入を是とする答申を出す方向で議論を進めた。そもそも、民間の小学校英語指導者認定団体の認定委員を含め、早期英語教育に関わってきた学者や小学校英語教科化賛成論者、英語推進論者を中心に配した委員構成だけに、どう転んでも小学校への英語の導入に対する反対論が出ない仕掛けになっていたことも事実である。そして、もっとも過激な変革たる「教科化」の提言を見送ったとはいえ、平成一八年三月、全国の国公立小学校における英語の必修化を提言した。具体的には、「コミュニケーション能力の育成を目的として、小学校五、六年に週一時間程度の英語教育を受けさせる」ことが望ましいとしている。この提言が指導要領に盛り込まれる形で具現するかどうかは、今後の中教審、および安倍政権の下で設置された教育再生会議における議論に掛かっている。平成一九年末には、議論の最終報告が出ることになっている。

私自身は、現時点における小学校への英語の導入は大いに問題だと思っている。現在考えられているような形で導入されても、歴史を見れば明らかなとおり――小学校における英語教育は、明治以来さまざまな形で行なわれているにもかかわらず、それによって児童の英語力がめざましく向上した例はただの一つも見当たらない――ほとんど何の効果も得られないばかりか、下手をすると、それが子供たちの言語感覚に悪影響を及ぼす危険性が大きいからである。

大雑把な言い方をすれば、十分な英語教師の確保が困難である以上、現段階で英語を必修化するということは、正しい日本語で行なわれる他教科の授業が減って、お世辞にも正しいとは言えない英語で行なわれる「英会話ごっこ」が増えることを意味する。これは児童の母語習得においても、英語習得においてもマイナスであろう。どのような技芸でも、手ほどきほど重要なものはない。そこでおかしな発音、おかしな文法など仕込んでしまった日には、将来日本を背負って立つ英語達人となるべき児童の語感まで狂わせてしまうことになる。

だが、「ゆとり教育」の例を見ても分かるとおり、一度動き出した政策は途中で止めることが難しい。我が子がバイリンガルになる気配すら見せぬことに愕然とする親たちの不満の声に責め立てられ、文科省が何とか小学校への英語導入の帳尻を合わせるべく英語の授業時間数を増やし、外国人指導助手を増やし、気づいたときには、すでに深刻な問題となっている児童の国語力・読解力、他教科の学力が著しく低下している。これがもっとも恐れるべき展開である。

語学哲学に基づく英語教育改善策

英語は、第一にイギリスの植民地支配によって、第二にアメリカの国際的影響力の増大によって世界的に広まった帝国主義的な色彩の強い言語である。その世界的な展開のゆえに、たしかにいろいろな場面で共通語としてきわめて有用であることは間違いない。しかしながら、母語話者から初学者まで、その習得度に違いがあるかぎり、英語を用いたやり取りにおいてさまざまな力関係、さまざまな不平等が発生する。

話を単純化するために、仮に母語を用いてのコミュニケーション能力を百としよう。平均的な日本人と英語の母語話者が英語でやり取りした場合、二十対百の勝負といったところだろうか。社交の場ではさしたる問題も生じないだろうが、学問、政治、経済その他で対立が発生した場合、議論は完敗である。

いつまでも英語下手のままでは日本がアジアで孤立してしまうと主張する人たちは、言わば他のアジア諸国の英語力が四十、五十、六十であるのに、日本だけ二十ではまずい、と言っているに等しい。たとえ頑張って日本人の英語力を七十まで引き上げたにしても、英語圏相手にはやはり完敗なのである。母語話者というものが存在するかぎり、英語はけっして平等な国際対話を可能ならしめる道具にはなり得ない。

幼いときからバイリンガル教育を施せば、そのような不平等の害をこうむらずに済むと主張する人もいる。親族間で何不自由なく言語を使い分ける民族もいるのだから、バイリンガルは自然な言語能力なのだ、と。だが、そのような民族がその能力を武器にして国際的な競争力を勝ち得たという話は聞いたことがない。逆に、主要先進国と言われる国の言語状況を考えてみると、それぞれ単一の強力な言語を有していることがわかる。モノリンガルの安定した母語能力を有するからこそ、政治・経済・文化において繊細な議論ができるのである。

日本語教育を犠牲にして英語教育を強化し、二言語併用教育が奇跡的にうまく行って日本人が英語八十、日本語九十くらいのバイリンガルになったとしても、英語の母語話者には英語の運用で負け、母語による思考で負けるのである。母語話者との英語による対話の不平等がかろうじて緩和されるのは、こちらが相手に分からない言語（日本語）を百の力で保持している場合だけなのだ。

したがって、母語能力をいささかも損なうことなく、できればそれをさらに高めた上で、共通語としての利便性の高い英語を技術として運用する能力をどこまで引き上げられるか、さらに、日本人全員が等しく高度な英語の使い手となることが不可能である以上、ある程度の英語力によって利益を得る一般の国民とは別に、エリート母語話者を向こうに回して政治・外交・文化を議論しても互角以上に渡り合える英語の使い手をどうやって育てていくかがこれからの課題となる。こう考えるのが英語教育の「哲学」というものである。

この哲学に基づいて日本人の英語力を向上させようとするのであれば、まず図るべきは中学・高校における英語教育の充実である。すでに教員養成や教科運営の制度の整っている中学・高校で集中的に英語を教えるほうがはるかに効果的であることは、多くの英語教育の専門家が認めている。まずは、中等教育における英語の授業時間数を「ゆとり教育」以前の数に、欲を言えば週に最低でも六時間程度に増やす必要がある。

もちろん、授業時間を増やしただけではどうにもならない。優秀な教師の存在が必須となる。生徒が高度な英語を身につけるためには、教師自身が優れた英語の使い手でなければならない。したがって、教師はまず「えせ科学」に基づく教授法研究などではなく、英語そのものの修業を行なう必要がある。

また、学校教育で与えるべきは、そのまま実用に供する低級な会話能力ではなく、学習者個々人がそれぞれの動機に基づいてのちのち必要な英語力を積み上げることができる堅固な基礎力である。そして、それは徹底した発音・文法・読解・作文訓練によってのみ築くことができる。そのような基礎力がそのままでは実地で使えないという当たり前の事実を問題視したところに、過去数十年にわたる日本の英語教育の誤りがあった。

さらに、日本が本当に必要とする優秀な国際人を育成するための環境の整備が必要である。意欲のある若者が、わざわざ高いお金を払い、ときに身の危険を冒してまで留学などをせずに済むように、高度な自主学習を可能ならしめる研修制度や語学施設を作る必要もある。そのための予算や労力など、小学校英語必修化のためのそれに比べれば大したことはない。これが、いまの段階で私の考える英語教育改善策である。

残念ながら、現在の日本の英語界には、このような哲学に基づいてしっかりした語学政策を議論し、実践していくだけの環境が整っていない。この先まだしばらくの間、日本人は英語をめぐって右往左往を続け、愛憎劇を繰り広げていくに違いない。現在の趨勢から考えると、小学校英語の次には、英語教育における小・中・高・大の連携という議論が流行しそうな気配だが、その議論と施策に失望したとき（そしてまず間違いなく失望することになると思うけれども）、日本人はどこに向かうのであろうか。方向性を見失ったとき、過去百年以上にわたる英語受容史をひもといてみれば、先が見えてくるかもしれない。

私の英語学習・教育体験（昭和四四～平成一九年）——あとがきに代えて

昭和四四（一九六九）年から現在に至る日本の英語状況は私が実際に体験したものだが、本文中ではできるだけ個人的な体験に触れないように心がけた。しかしながら、私自身の体験が本文を補足する資料になるかもしれないとの思いから、それを「あとがき」に代えてここに書き記すことにする。

私がはじめて英語と出会ったのは、昭和四四年、小学校の六年生のときである。母親の知り合いの英語教師について英語を習いはじめた。この先生は、東京外国語大学を卒業後、母親の母校である日光高等学校で英語を教えていた。母親はその授業を受けることはなかったが、母親が（本人曰く）退屈な英語の授業を受けている間、この先生が担当する教室からは始終楽しげな笑い声が聞こえてきたという。その先生が、大病を病み、左の眼球の剔出を要するほどの大手術を受けてそれを克服したのち、二十年近い年月を経てなぜか母親の嫁ぎ先、そして私の出生地たる宇都宮にいた。

先生と道でばったり出会った母親が、その変わり果てた姿に驚きつつも、英語の苦手な親の例に違わず、我が子には何とか英語を身につけさせたいとの願いを口にすると、先生は、それなら息子を自分のところに連れてくるようにと母親に告げた。その口約束が実現し、私は毎週日曜日に先生の家に通って英語を習うことになった。この先生との出会いが、私の英語人生を決定づけた。人伝に聞いた話では、先生は大学教師の職が約束されていたものの、病気のためにそれを辞さざるを得なかったらしい。英語の専門的研究者になる道を失った先生は、その夢を私に托したのかもしれない。そのままいけば家業の糸屋を継ぐことになっていた私に、「ボク（私が小学生のとき以来、先生は終生私を『ボク』と呼びつづけた）、プロフェッサーはいいぞ、プロフェッサーになれ」と勧めた。

先生の塾で最初に教科書として用いたのは、木戸一男校閲・伊藤大寛著『小学生の英語読本』（文進堂）という本である。その本はいまでも手元にあるのだが、奥付にさえ出版年が記されていないため、いつごろ作られたものかはわからない。ただし、次の序文の一節を読むかぎり、終戦後だいぶ経ってから、おそらくは昭和三〇年以降に作られた教科書ではないかと思われる。また、この一節を読むと、日本の英語事情が戦後ほとんど変わっていないこともわかる。

実質上の世界語としての英語の重要性がひろくみとめられるようになったため、最近の英語熱は終戦直後のものよりも地についた、着実なもののようである。そして小学校の児童にも早く英語を知りたいと思っている者がすくなからずおり、また私立の小学校ではそのほとんどが英語を児童に教えているのである。そのテキストとして編集されたのが本書である。

言語材料は、基本的に文法シラバスに則って配列されており、アルファベットに始まり、発音、日用品を表わす語彙、This is .../ That is .../ There is ... 構文、その疑問文、be 動詞、Wh 疑問文、have の用法（ただし、Have you a racket? というイギリス英語の古い疑問形が出てくるところに時代が感じられる）、現在進行形、助動詞、感嘆文、比較構文が解説されている。この教科書は一年もかからずに読み終わったと思う。辞書（先生の言葉で言えば「字引」）の引き方も早いうちに教わった。まず、昭和四四年に初版が出たばかりの初学者用の *Kenkyusha's APOLLO English-Japanese Dictionary*（『アポロ英和辞典』研究社）を与えられ、中学の中頃まではそれを引いて勉強した。いずれにせよ、おかしな英会話ごっこから英語学習を始めることがなかったのは、いま思うに、じつに幸いであった。

私は、腎臓を病んで病床で過ごした中学二年次を除き、中学・高校を通じて、週一回、この先生の個人教授を受けた。授業の前半はおもに文学作品を教材とする副読本の読解であった。中学一年のときには『アラビアン・ナイト』を平易に書き直した副読本を用い、その後は読みやすい文章を書く作家の小説や随筆を副読本で読んでいった。そのなかには、日本に長く住んでいたイギリス人詩人ジェイムズ・カーカップ（James Kirkup）やバートランド・ラッセルの随筆があった。

読み方は、伝統的な訳読である。まず文章を音読してから、一文一文正確に訳していく。途中に重要な文法事項が出てくれば、先生がそれを解説する。先生は、派生語の習得も重視しており、ことあるごとに「この単語の品詞は何だ、名詞形は何だ、形容詞形は、副詞形は」と聞いてくる。こちらがほんの少しでももたつこうものなら先生はすぐに答えを言うのだが、それは先生がせっかちであるということもさることながら、間違った英語を言わせまいとの配慮であったのではないかと思う。すべての技芸の教育において、できるだけ間違った型を見せない、聞かせない、意識化させないというのは鉄則である。

授業の後半は、和文英訳に当てられる。先生は、まず十から二十くらいの日本語を空で言って私に書き取らせてから、それを英訳するようにと命じて席を立ち、私の訳が終った頃合いを見計らって戻ってきて添削指導をする。この和文英訳指導には、いま思うに、本文中でも触れた明治後期から大正期の熟語中心主義の影響が色濃く現われていた。おそらくは、先生自身がその時期の英語教材で英語を勉強したためであろうと思う。

たとえば、私が中学三年か高校一年くらいのときに使ったと思われる和文英訳ノートを見ると、「晴雨にかかわらず、あなたはそこへ行かなくてはならないだろう」という日本語が問題文として与えられ、私はそれに対して Whether it is fine or rainy, you will have to go there. と答えているのだが、先生はそれに丸をつけたのちに、前半の従属節の上に赤で Rain or shine という別解を書き加えている。おそらくそちらを書かせたいがための問題だったのだろう。あるいは、「彼は平気で嘘をつく」という問題文に対しては解答が記されておらず（つまり、私はその日本語を英語に訳すことができなかったということである）、その解答欄には赤で He makes no bones of telling a lie. という模範解答が書き込まれている。このほかにも、on hands and knees（あるいは on all fours）「四つん這いになって」、snow thick and fast「雪がしきりに降る」、rain cats and dogs「土砂降りの雨が降る」、in no wise「決して～でない」、every inch「どこから見ても」、to the quick「根っからの」、narrowly escaped ...「すんでのところで～するところだった」、such being the case「そういうわけだから」、something of ...「ちょっとした～」、much of a muchness「似たり寄ったり」、so it is with ...「～についてもまたそうである」などの熟語が英訳の際の核となっている。もっとも、熟語の部分だけでなく、構文の指導もきわめて正確であり、当時のノートを見返すたびに先生の英語力の高さに驚かされる。

さて、時間的に多少話が前後するが、中学入学後は当然ながら学校でも英語を習った。中学入学時にはすでに英語好きになっていたから、英語に関係する活動にはことごとく参加した。英会話クラブに属し、英語暗唱大会に出場し、英検を受験した。私が通っていたのは宇都宮大学教育学部の附属中学校であり、その教育学部の附属中学校という性格上、さまざまな教育上の工夫がなされていたと思う。中庭の突き当たりにＬＬ教室ができたことも鮮明に覚えている（が、なぜかそこで実質的な授業を受けた記憶がない）。

私は中学校でも教師に恵まれた。とくに、英会話クラブの顧問もしていた薄井という先生は、教え方も優れていたが、課外活動における指導も熱心であり、あるときは英会話クラブの生徒に実際に英語を話す場を提供すべく、宇都宮市在住のアメリカ人を二人探してきて、歓談の場を設けてくれた。生徒たちは、アメリカ人と自由自在に英語でやり取りをする先生を憧憬の目で見つめていた。あるクラスでアメリカ帰りの男子生徒が薄井先生と英語でやり取りをしたらしく、「あの薄井先生と授業中に英語で渡り合った」としてその帰国生の評価が一気に高まったくらいである。とはいえ、薄井先生はけっして生徒に最初から実用会話の能力を求めたりはせず、すばらしい発音で英語を読みながら、読解と文法の指導をしてくれた。英語教師は英米から仕入れた教授法などを勉強する前にまず英語を勉強すべきであるという私の信念は、私塾の師と薄井先生の教育実践に裏付けられている。

高校時代、私が自主的に行なっていた英語学習は、八割方、愛用の岩崎民平編『新英和中辞典』(研究社)を引きながら英米作家の文章を読み、単語帳を作ることであった。その辞書をどのくらい引き込んだのかを人に見せようにも、残念ながらそれはもはや私の手元にはない。長く実家の書棚で眠っていたのだが、母校で教育実習をした際に携えていったところ、教え子たちが受験のお守りにしたいとかうまいことを言って、あれよあれよという間に破いて持っていってしまったからである。つまり、生徒たちが頁を破り取ることに対して良心の呵責を感じないほどにすでに十分ぼろぼろであったと言いたいのだが、いかんせん現物が残っていないために、釣り師の獲物自慢だと思われても仕方がない。

教材は、もっぱら巻末に注釈のついた副読本であった。当時、宇都宮あたりでも、ちょっと大きな本屋に行けば、原書こそほとんど目にすることはなかったけれども、英語関係の出版社や教科書会社が出している副読本がずらりと揃っていたものである。とくに私が気に入っていたのは、バートランド・ラッセルの随筆であり、研究社、成美堂、南雲堂などから出ているラッセルの副読本はほとんどすべて買い集めて読んだ。

そのうち副読本を読むだけでは物足りなくなり、若気の至りで日本バートランド・ラッセル協会の事務局にまで手紙を出して、ラッセルの研究の仕方などを問い合わせたりもした。高校生から手紙をもらって先方もさぞかし困惑したと思うが、当時の同協会の常任理事であった早稲田大学の牧野力教授は、わざわざ直筆の手紙によって一つ一つの質問に丁寧に答えてくれた。また、高校三年のときに東京にいく用事のある友人と一緒に上京して大きな書店の洋書売り場に行き、ずらりとならんだ原書に感激して、ラッセル自身の著作だろうが、ラッセルに関する文献だろうが、とにかく題名にBertrand Russellの名が入っている七冊の原書をすべて買い求めた。その本は、いまだに私の書棚に並んでいる。このほか、高校のときには、アガサ・クリスティー（Agatha Christie）とサマセット・モーム（William Somerset Maugham）を愛読した。

昭和五二（一九七七）年に私は東京大学に入学し、二年間の教養課程修了後、英語・英米文学科（いわゆる「英文科」）に進学した。日本の英語・英文学研究は世界的に見ても高い水準を維持しており、大学生活後半の二年間、さらに大学院修士課程の二年間を英文科で過ごすことで、英文学研究の基礎をしっかりと築くことができた。のちに英米に留学したときにも、少なくとも専門的な内容に関してはほとんど遅れを取ることなく、ときに英文学に対する英米人の無知に驚くことさえあった。これはすべて英文科での教育のお陰だと思っている。

その反面、従来の英文科の教育課程を考えてみた場合、私のように英語好きの延長として英文科に進学する学生（そして、そういう学生がおそらくは英文科に進学する学生の半分近くを占めるであろう）、そしてまた英文科を卒業して英語教師になる学生に対する配慮はかならずしも十分であったとは言えない。もちろん、私が英文科に在学した当時でも、外国人教師や非常勤講師による英作文やＬＬの必修授業は開設されており、また教師たちは例外なくすぐれた英語の使い手であったけれども、学生に対して最終的に求められているのは、あくまで英語・英文学の専門的な研究における独創的な業績であった。そこには、英語・英文学研究を行なううちに自然と高度な英語力が、ひいては英語の指導力が身につくはずだとの前提があったのだろう。

だが、英文科を卒業して英語・英文学の専門的研究者となる学生のほとんどが実際には英語教師として職を得る状況を考えれば、英語そのものを学び、教えるという視点が必要であったように思う。少なくとも、日本の英文科がもう少し英語教育・学習を真面目に考えていたならば、のちに英文学をことさらに敵視する低劣なコミュニケーション学派が跋扈《ばっこ》することも、平成に入ってからの英語関連学科の統廃合がこれほど混乱することもなかったのではないだろうか。

現代に近づくほど話が愚痴っぽくなってくるので、先を急いでまとめに入ろう。昭和五八年に大学院を卒業した私は、そののち二年間英文科の助手を務めたのち、平成二年から東京大学の教養学部で英語を教えている。さらに理系の大学に五年間務めた。西田幾多郎の言い草ではないが、昭和五〇年代前半の私が教卓を軸にしてくるりと一八〇度回転するといまの私になる。「専門課程に進学してくる学生の英語力が著《いちじる》しく不足している」、「教養課程の英語教師は何をしている」、「もっと役に立つ英語を教えよ」といった外部からの批判にさらされながら、日々、何とか学生の英語力を伸ばそうと工夫をしている。だが、歴史を見れば明らかなとおり、いくら責められようと、教育でできることには限界がある。学習の基礎を与え、あとは学習者本人の努力を促す以外にはないのである。現在、従来の日本の英語教育が間違っていたとの前提の下に、さまざまな改革が行なわれている。右往左往すれば道を見失うだけだが、いまはそれをいくら言ってみても憎まれ口となる。しばらくの間は、日本の英語教育の迷走を見守るより仕方がないようである。

最後に、お世話になった方々に対して謝辞を申し述べたい。まず、本書の企画から執筆過程に至るまで、研究社の吉田尚志さんには本当にお世話になった。また、私の遅筆ゆえ、多大なご心配とご迷惑をお掛けした。お礼とお詫びを申し上げる。また同社の『英語青年』編集長の津田正さんには、執筆過程の随所で貴重な忠言や教示をいただいた。この場を借りてお礼申し上げたい。

本書完成に至るまでのさまざまな段階で力を貸してくれた斎藤英学塾の塾生諸君にもお礼を申し上げる。そして、担当編集者の星野龍さんには、資料の調査・収集から原稿の整理、校正に至るまで、お世話になりっぱなしであった。研究社創立百周年に当たる年に何としても本書を記念企画として完成させなければならないという精神的重圧も尋常ではなかったはずである。心からの感謝とお詫びを申し述べる。

平成一九年七月

斎藤兆史

参考文献

・市河三喜『英文法研究』研究社、一九一二年。
・伊村元道『パーマーと日本の英語教育』大修館書店、一九九七年。
・伊村元道『日本の英語教育２００年』大修館書店、二〇〇三年。
・岩崎民平『岩崎民平文集』研究社、一九八五年。
・『英語研究』編集部編『「英語研究」の七〇年――もう一つの日本英学史』研究社出版、一九七五年。
・『英語青年』二〇〇〇年九月号（特集「『英語公用語化』論に一言」）、研究社、二〇〇〇年。
・江利川春雄「英語教科書から消えた文学」、『英語教育』、二〇〇四年一〇月増刊号、一五〜一八頁。
・江利川春雄「英語『戦略計画』の批判的考察」、『中部地区英語教育学会紀要』、二〇〇四年、三一一〜三一八頁。
・江利川春雄『近代日本の英語科教育史――職業系諸学校による英語教育の大衆化過程』東信堂、二〇〇六年。
・大石俊一『「英語」イデオロギーを問う――西欧精神との格闘』開文社出版、一九九〇年。
・大石俊一『英語帝国主義論――英語支配をどうするのか』近代文芸社、一九九七年。
・大石俊一『英語帝国主義に抗する理念――「思想」論としての「英語」論』明石書店、二〇〇五年。
・大阪女子大学附属図書館編『大阪女子大学蔵日本英学資料解題』大阪女子大学、一九六二年。
・太田雄三『英語と日本人』講談社、一九九五年。

・大津由紀雄編著『小学校での英語教育は必要か』慶應義塾大学出版会、二〇〇四年。
・大津由紀雄編著『小学校での英語教育は必要ない！』慶應義塾大学出版会、二〇〇五年。
・大村喜吉『斎藤秀三郎伝――その生涯と業績』吾妻書房、一九六〇年。
・大村喜吉、高梨健吉、出来成訓編『英語教育史資料』全五巻（第一巻 英語教育課程の変遷、第二巻 英語教育理論・実践・論争史、第三巻 英語教科書の変遷、第四巻 英語辞書・雑誌史ほか、第五巻 英語教育事典・年表）東京法令出版、一九八〇年。
・岡倉由三郎『英語教育』研究社、一九一一年。
・岡倉由三郎『英語発音練習カード』研究社、一九二一年。
・岡倉由三郎・市河三喜編「英文学叢書」全百巻、研究社、一九二一～三二年。
・岡倉由三郎『英語教育の目的と価値』研究社、一九三六年。
・川島幸希『英語教師　夏目漱石』新潮社、二〇〇〇年。
・川澄哲夫編『資料日本英学史2――英語教育論争史』大修館書店、一九七八年。
・川澄哲夫編『資料日本英学史1上――英学ことはじめ』大修館書店、一九八八年。
・川澄哲夫編『資料日本英学史1下――文明開化と英学』大修館書店、一九九八年。
・川戸道昭『磯辺弥一郎と「中外英字新聞」』ナダ書房、一九九五年。
・北和丈「『英語教育』に見る英語教育観の変遷――『実用』から『コミュニケーション』まで」、『英語教育』、二〇〇六年二月号、四七～四九頁。

・研究社社史編集室編『研究社八十五年の歩み』研究社、一九九二年。
・『現代英語教育』一九九五年三月号（特集「『英語帝国主義』を考える」）、研究社、一九九五年。
・斎藤兆史『英語達人列伝』中央公論新社、二〇〇〇年。
・斎藤兆史『日本人に一番合った英語学習法──先人たちに学ぶ「四〇〇年の知恵」』祥伝社、二〇〇三年。
・斎藤兆史『英語襲来と日本人』講談社、二〇〇一年。
・鈴木孝夫『日本語と外国語』岩波書店、一九九〇年。
・高梨健吉他『英語教育問題の変遷』（現代の英語教育──1）、研究社、一九七九年。
・高梨健吉・出来成訓『英語教科書名著選集・別巻──英語教科書の歴史と解題』大空社、一九九三年。
・中公新書ラクレ編集部・鈴木義里編『論争・英語が公用語になる日』中央公論新社、二〇〇二年。
・津田幸男『英語支配の構造──日本人と異文化コミュニケーション』第三書館、一九九〇年。
・津田幸男編『英語支配への異論──異文化コミュニケーションと言語問題』第三書館、一九九三年。
・津田幸男『英語支配とことばの平等』慶應義塾大学出版会、二〇〇六年。
・出来成訓『日本英語教育史考』東京法令出版、一九九四年。
・出来成訓監修『復刻版・英語の日本』全十一巻、本の友社、一九九八年。
・鳥飼玖美子『危うし！　小学校英語』文藝春秋、二〇〇六年。
・長井氏晸『受験英語ハンドブック』研究社、一九三八年。
・中村敬『英語はどんな言語か──英語の社会的特性』三省堂、一九八九年。

・中村敬『外国語教育とイデオロギー』近代文藝社、一九九四年。
・新渡戸稲造『内観外望』(『新渡戸稲造全集』第六巻)教文館、一九八四年。
・新渡戸稲造『編集余録』(『新渡戸稲造全集』第二十巻)教文館、一九八五年。
・日本英学史学会編『英語事始』エンサイクロペディアブリタニカ(ジャパン)インコーポレーテッド、一九八二年。
・日本の英学一〇〇年編集部『日本の英学一〇〇年』全四巻(明治編、大正編、昭和編、別巻)研究社、一九六八～六九年。
・日本放送協会編『ラジオ・テキスト英語会話』(講師・平川唯一)第四巻第六号～第五巻第一二号、メトロ出版社、一九四九～五〇年。
・羽鳥博愛「英語への心理的抵抗をとり除く」、『英語教育』、一九八七年一〇月号、八～一〇頁。
・早川勇編『日本の英語辞書と編纂者』愛知大学文學會叢書XI、春風社、二〇〇六年。
・平泉渉・渡部昇一『英語教育大論争』文藝春秋、一九七五年。
・平川洌『カムカムエヴリバディ――平川唯一と「カムカム英語」の時代』日本放送出版協会、一九九五年。
・福原麟太郎『日本の英語』恒文社、一九九七年。
・船橋洋一『あえて英語公用語論』文藝春秋、二〇〇〇年。
・本多孝一『英語熟語急速暗記法』松邑三松堂、一九二一年。
・宮崎芳三『太平洋戦争と英文学者』研究社、一九九九年。

・村井知至校閲・内藤明延訳注『原文・訳文・詳注アン・アチックフィロソフィー講義』泰文堂書店、一九一八年。
・文部省『中学校学習指導要領（平成一〇年一二月）解説——外国語編』東京書籍、一九九九年。
・文部省『高等学校学習指導要領解説——外国語編・英語編』開隆堂出版株式会社、一九九九年。
・山崎貞『新々英文解釈研究』（佐山栄太郎改訂新版）研究社、一九五八年。
・ラジオ東京調査宣伝部出版室編『ラジオ・テキスト　カムカム英語』（講師・平川唯一）昭和二七年一月号〜昭和二八年一月号、秀英社、一九五二年。

・Fries, Charles C., *Cumulative Pattern Practices: Lessons I-XX from An Intensive Course in English*, English Language Institute, University of Michigan, 1954.
・Graddol, David, *The Future of English?* The British Council, 1997.
・Ogden, C. K., *The Basic English*, London: Kegan Paul, Trench, Truber & Co., Ltd., 1932.
・Ogden, C. K., *The System of Basic English*, New York: Hartcourt, Brace and Company, 1934.
・Palmer, Harold E., *The Principles of Language-Study*. London: Oxford University Press, 1922/1964.
・Pennycook, Alastair, *The Cultural Politics of English as an International Language*. London: Longman, 1994.
・Phillipson, Robert, *Linguistic Imperialism*. Oxford: Oxford University Press, 1992.
・Turner, Mark, *Reading Minds: The Study of English in the Age of Cognitive Science*, Princeton: Princeton University Press, 1991.

年表　日本人と英語の百年史

年	日本人と英語に関わる重要事項	世の中の動き・出版物
一八九八（明治三一）	『青年』*The Rising Generation*（後の『英語青年』）創刊／中浜万次郎没／高等師範学校文科に始めて英語部を設置	福沢諭吉『福翁自伝』／アメリカ・スペイン戦争
一八九九（明治三二）	新渡戸稲造 *Bushido, the Soul of Japan*	ボーア戦争勃発
一九〇〇（明治三三）	津田梅子、女子英学塾（現在の津田塾大学）創立／夏目漱石、イギリス留学（一九〇五帰国）	
一九〇一（明治三四）		ヴィクトリア女王没／オーストラリア連邦成立
一九〇二（明治三五）	このころから英学ブームで英語関連雑誌の創刊が相次ぐ	日英同盟締結（〜一九二二）
一九〇四（明治三七）		日露戦争／小泉八雲没
一九〇五（明治三八）		日露講和条約調印／第一次ロシア革命
一九〇六（明治三九）		岡倉天心 *The Book of Tea*

一九〇七（明治四〇）	義務教育年限が六年に延長／英語研究社（のちの研究社）創業	
一九〇八（明治四一）	『初等英語研究』（のちの『英語研究』）、『英語之日本』創刊	
一九〇九（明治四二）	坪内逍遙訳『シェイクスピア全集』発刊	伊藤博文暗殺
一九一一（明治四四）	岡倉由三郎『英語教育』／夏目漱石「語学養成法」（『学生』）	大逆事件
一九一二（明治四五／大正元）	国際音標文字（IPA）発表／市河三喜『英文法研究』／山崎貞『公式応用英文解釈研究』	明治天皇没／中華民国成立／タイタニック号沈没
一九一四（大正三）		第一次世界大戦勃発
一九一五（大正四）	斎藤秀三郎『熟語本位英和中辞典』／井上十吉『井上英和大辞典』	
一九一六（大正五）	大岡育造「中学校より外国語科を除却すべし」と主張	ダブリン蜂起／夏目漱石没
一九一七（大正六）	東京帝大英文学会設立／細江逸記『英文法汎論』／D. Jones, *An English Pronouncing Dictionary*	ロシア革命
一九一八（大正七）	武信由太郎『武信和英大辞典』（のちの研究社『新和英大辞典』）	第一次世界大戦終結

一九二〇（大正九）	東京帝大英文学会『英文学研究』創刊	国際連盟設立
一九二一（大正一〇）	「研究社英文学叢書」発刊／小野圭次郎『最新研究・英文の解釈・考へ方と訳し方』	
一九二二（大正一一）	H・E・パーマー来日／『袖珍コンサイス英和辞典』（三省堂）	ソビエト社会主義共和国連邦成立／ムッソリーニ内閣成立
一九二三（大正一二）	英語教授研究所創立（所長はパーマー）	関東大震災
一九二四（大正一三）	アメリカ議会、新移民法可決（排日条項を含む）／「米国語を追払え」（福永恭助）、「英語追放論」（杉村楚人冠）などの英語排撃論盛ん	
一九二六（大正一五／昭和元）	JOAK「初等英語講座」（講師 岡倉由三郎）開始	
一九二七（昭和二）	岡倉由三郎主幹『研究社新英和大辞典』／藤村作「英語科廃止の急務」	
一九二八（昭和三）	坪内逍遙訳『シェイクスピア全集』完結／斎藤秀三郎『斎藤和英大辞典』	OED完成（一八七八〜）
一九二九（昭和四）	日本英文学会結成／日本シェイクスピア協会設立	大恐慌始まる
一九三〇（昭和五）	C・K・オグデン *Basic English*	ロンドン海軍軍縮会議
一九三一（昭和六）		満州事変

一九三二（昭和七）	東京文理大『英語の研究と教授』創刊（のちの『英語教育』）	五・一五事件／ナチスが第一党に
一九三三（昭和八）	第十回英語教授研究大会で「福島プラン」発表	
一九三六（昭和一一）	桜井役『日本英語教育史稿』	スペイン内乱（〜一九三九）／二・二六事件
一九三七（昭和一二）	市河三喜『聖書の英語』／齋藤勇編『研究社英米文学辞典』	日中戦争始まる
一九三八（昭和一三）	藤村作「中学校英語科全廃論」	国家総動員法
一九三九（昭和一四）	河村重治郎『クラウン英和辞典』／勝俣銓吉郎『研究社英和活用大辞典』	第二次世界大戦始まる
一九四〇（昭和一五）	市河三喜『英語学辞典』	日独伊三国軍事同盟成立
一九四一（昭和一六）		真珠湾攻撃、太平洋戦争始まる
一九四二（昭和一七）	英語教授研究所、語学教育研究所に改称／女学校と女子実業学校の英語が随意科に／A・S・ホーンビー他編『新英英大辞典』（*An Idiomatic and Syntactic English Dictionary*）／中野好夫「直言する」（『英語青年』）	日本本土初空襲
一九四三（昭和一八）	中等学校・高等学校の修業年限縮減	イタリア無条件降伏／学徒出陣

一九四四（昭和一九）	中等教育の教科教授日数縮減	連合国軍、ノルマンディ上陸
一九四五（昭和二〇）	『時事英語研究』創刊／『日米会話手帳』	第二次世界大戦終焉／国際連合成立
一九四六（昭和二一）	平川唯一のＮＨＫラジオ英会話 “Come Come Everybody” 開始	日本国憲法発布
一九四七（昭和二二）		教育基本法・学校教育法公布
一九四八（昭和二三）	戦後初の民間教科書 *Jack and Betty*（開隆堂）／中野好夫「英語を学ぶ人々のために」（*The Youth's Companion*）	
一九四九（昭和二四）	第一回ガリオア留学生渡米	新制大学発足
一九五〇（昭和二五）	全英連（全国英語教育研究団体連合会）結成	朝鮮戦争勃発
一九五一（昭和二六）	京都学芸大、南山大に全国初のＬＬ	サンフランシスコ講和条約・日米安保条約調印
一九五二（昭和二七）	『英語教育』（研究社）創刊（一九五五年より大修館）／第一回フルブライト留学生渡米	
一九五三（昭和二八）	江川泰一郎『英文法解説』	ＮＨＫテレビ放送開始
一九五四（昭和二九）	大塚高信・岩崎民平・中島文雄「英文法シリーズ」	自衛隊発足
一九五五（昭和三〇）	加藤周一「信州の旅から――英語の義務教育化に対する疑問」（『世界』）	自民党結成

一九五六（昭和三一）	ＥＬＥＣ（英語教育研究委員会）創立／日経連より「役に立つ英語」の教育の要望書が発表	日本、国際連合加盟
一九五八（昭和三三）	「百万人の英語」開始	
一九六〇（昭和三五）	文部省が「英語教育改善協議会」を発足（会長は市河三喜）	日米安全保障条約成立
一九六二（昭和三七）	大学英語教育学会（ＪＡＣＥＴ）設立	キューバ危機
一九六三（昭和三八）	日本英語検定協会発足、実用英語検定始まる	ベトナム戦争激化、ケネディ大統領暗殺
一九六四（昭和三九）	東京オリンピック開催で英会話ブーム	
一九六五（昭和四〇）	森一郎『試験にでる英語』	大学生一〇〇万人突破
一九六九（昭和四四）	中学校学習指導要領改訂（「言語活動」という表現登場）	アポロ一一号、人類初の月着陸
一九七〇（昭和四五）	高等学校学習指導要領改訂（初級英語と英語会話の２科が新設）	大阪で万国博覧会開催
一九七一（昭和四六）	「セサミ・ストリート」放映開始（ＮＨＫ教育テレビ）	沖縄返還協定調印
一九七四（昭和四九）	平泉渉・渡部昇一による英語教育論争／中津燎子『なんで英語やるの？』	田中内閣総辞職

一九七七（昭和五二）	中学校学習指導要領が改訂され、英語は週三時間に	
一九七九（昭和五四）	国公立大学共通一次試験開始	
一九八一（昭和五六）	中学校で英語の授業が週三時間になり、波紋を呼ぶ	チャールズ皇太子、ダイアナと結婚
一九八四（昭和五九）	臨教審発足	
一九八七（昭和六二）	ＪＥＴプログラム（語学指導等を行なう外国青年招致事業）開始	
一九八九（昭和六四／平成元）	学習指導要領で高校に「オーラル・コミュニケーション」導入	ベルリンの壁崩壊
一九九〇（平成二）	大学入試センター試験開始	
一九九三（平成五）	東大教養学部共通テキスト *The Universe of English*	
一九九四（平成六）		松本サリン事件
一九九五（平成七）	日本児童英語教育学会（ＪＡＳＴＥＣ）が「小学校から外国語教育を！」のアピールを採択／幼児・児童の英語教育熱高まる	阪神大震災

一九九六（平成八）	中央教育審議会より、英語を大学入試科目から外してもよいのではないかという議論が起こり、翌年の答申に盛り込まれる	ペルー日本大使館占拠
一九九八（平成一〇）	小学校英語必修化の提言（中央教育審議会外国語専門部会の答申）	
二〇〇〇（平成一二）	英語第二公用語化の提言（「21世紀日本の構想」懇談会）	
二〇〇一（平成一三）		米国同時多発テロ
二〇〇三（平成一五）	文科省による「英語が使える日本人」育成のための行動計画	
二〇〇六（平成一八）	大学入試センター試験への英語リスニング・テスト導入／教育基本法改正	
二〇〇七（平成一九）	英会話学校ＮＯＶＡで中途解約などのトラブルが続出	

図版提供

第一章

『英語世界』『ユニオン・リーダー』『ナショナル・リーダー』『チョイス・リーダー』／『日本の英学一〇〇年』（研究社、一九六九）より

『英語之日本』創刊号表紙及び「日本海海戦の歌」／『復刻版 英語の日本』（本の友社、一九九八）より

井上十吉『新訳和英辞典』／小島義郎氏所蔵

夏目漱石「語学養成法」／『漱石評論・講演復刻全集6』（ゆまに書房、二〇〇二）より

第三章

The World's Herald Readers, Book Three／著者所蔵

第四章

Robert Lado & Charles C. Fries, *English Pattern Practices*／『日本の英学一〇〇年』（研究社、一九六九）より

※帯及び第四章の『カムカム英語』の表紙イラスト（秋玲二作）は一ノ瀬奈津子氏のご厚意により掲載された。

※その他は研究社所蔵、またはパブリック・ドメインとみなされるものである。

マ

ヤ

ラ

英字

索　引

ア

カ

《著者紹介》

斎藤兆史（さいとう・よしふみ）

1958 年、栃木県生まれ。東京大学文学部卒業後、同大学大学院人文科学研究科修士課程修了。インディアナ大学英文科修士課程修了。ノッティンガム大学英文科博士課程修了。現在、東京大学大学院教育学研究科教授。専攻は英語教育・学習論、英学。高度に専門分化しつつある英語関連諸分野を求心的につなぎ留める研究・教育原理の確立を目指している。

著書に『英語の作法』（東京大学出版会）、『英語達人列伝』（中央公論新社）、『日本人のための英語』（講談社）、『英語襲来と日本人』（講談社）、『英語の味わい方』（NHK 出版）、『英語達人塾』（中央公論新社）、『英文法の論理』（NHK 出版）など。

訳書にジョン・バンヴィル『コペルニクス博士』（白水社）、ジュリアン・バーンズ『ここだけの話』（白水社）、ラドヤード・キプリング『少年キム』（晶文社）、デイヴィッド・ロッジ『小説の技巧』（共訳、白水社）、V・S・ナイポール『イスラム再訪』上・下（岩波書店）、ウィリアム・モリス『不思議なみずうみの島々』上・下（晶文社）、V・S・ナイポール『ある放浪者の半生』（岩波書店）など。

日本人《にほんじん》と英語《えいご》 ——もうひとつの英語百年史

2007 年 10 月 1 日　初版発行
2021 年 4 月 7 日　4 刷発行

著　者　斎藤兆史《さいとうよしふみ》
発行者　吉田尚志
発行所　株式会社 研究社
〒102-8152 東京都千代田区富士見 2-11-3
電話　営業 (03)3288-7777 ㈹　編集 (03)3288-7711 ㈹
振替　00150-9-26710
http://www.kenkyusha.co.jp/

KENKYUSHA

印刷所　研究社印刷株式会社
装幀　Malpu Design（清水良洋）
本文デザイン　亀井昌彦（株式会社 シータス）

 ISBN978-4-327-37720-5 C0082　Printed in Japan